RECEITAS DE UMA NONNA

RECEITAS DE UMA NONNA

Descubra os segredos
da culinária italiana com
a nonna mais amada
do mundo

Tradução
Vinícius Tibério Rizzato

SILVANA BINI
@nonnasilviofficial

 Planeta

Copyright © Silvana Bini, 2023, De Agostini Libri S.r.l.
Copyright © Editora Planeta do Brasil, 2025
Copyright da tradução © Vinícius Tibério Rizzato, 2025
Todos os direitos reservados.
Título original: *Le ricette di una vita*

Preparação: Laura Vecchioli
Revisão: Bonie Santos, Julianne Gouvea e Ana Laura Valerio
Projeto gráfico: Fabio Mittini
Diagramação: Vanessa Lima
Design de capa: Isabella Teixeira

As fotos de capa e do interior deste livro são de Chiara Daniele, exceto aquelas nas páginas 13, 46, 51 e 89, provenientes do arquivo pessoal da autora.

Dados Internacionais de Catalogação na Publicação (CIP)
Angélica Ilacqua CRB-8/7057

Bini, Silvana
 Receitas de uma nonna / Silvana Bini ; tradução de Vinícius Tibério Rizzato. -- São Paulo : Planeta do Brasil, 2025.
 192 p. : il., color.

Bibliografia
ISBN 978-85-422-3191-5
Título original: Le ricette di una vita

1. Cozinheiras - Itália - Biografia 2. Bini, Silvana – Biografia 3. Culinária I. Título II. Rizzato, Vinícius Tibério

25-0489 CDD 926.415

Índices para catálogo sistemático:
1. Cozinheiras - Itália - Biografia

Ao escolher este livro, você está apoiando o manejo responsável das florestas do mundo e outras fontes controladas

2025
Todos os direitos desta edição reservados à
Editora Planeta do Brasil Ltda.
Rua Bela Cintra, 986 - 4º andar - Consolação
01415-002 - São Paulo - SP
www.planetadelivros.com.br
faleconosco@editoraplaneta.com.br

Introdução

> Muitos dos fracassos na vida são de pessoas que não perceberam quanto estavam próximas do sucesso quando desistiram.
>
> *Thomas Edison*

Eu não esperava todo esse sucesso, e não sei exatamente o que fiz para merecê-lo — exceto dar o melhor de mim. Aos 82 anos, posso afirmar que ganhei muito da vida. Digamos que foi um pouco mérito dela e um pouco mérito meu, porque nunca fui de ficar de braços cruzados e, sempre que surgia um novo desafio, eu o encarava de frente.

Eu sou do tipo que se adapta, desde sempre. Pelo caminho encontrei curvas fechadas e imprevistos, mas no fim sempre consegui, de um jeito ou de outro, extrair coisas positivas das dificuldades. Hoje isso é chamado de resiliência. Podem chamar como quiserem, para mim a essência é sempre a mesma: se você quiser conquistar alguma coisa, precisa colocar a mão na massa. Não existe outro jeito.

Vida nenhuma segue em frente direto como uma estrada. Nenhum campo dá frutos sozinho: se quiser que ele te dê o que comer, você precisa cultivá-lo. E quando um temporal destruir a colheita, pegue a enxada e recomece.

Nasci em uma família pobre em tempos de guerra, mas nunca perdi meu tempo reclamando. Dia após dia trabalhei com perseverança, paciência e muito, muito amor. Trabalhei como passadeira, como funcionária na empresa de distribuição de frango do meu marido, como agricultora e como bordadeira antes de me tornar padeira. Mergulhei de cabeça em cada novo desafio que surgiu, ponderando o que era necessário, mas sem me prender demais. O resto veio naturalmente. Foi assim que sempre vivi a minha vida e continuarei a fazê-lo, junto à minha família, até quando Deus quiser. Se tanta gente me segue hoje é porque nunca fui diferente de quem sou de verdade.

Aqui estão a minha história e as minhas receitas. Algumas vocês me pedem há muito tempo, outras são novas.
    Não gosto de oferecê-las, mas por vocês abro uma exceção.

1.
O menino do Bini

Nasci em Montespertoli, pertinho de Florença, em 1941, bem no ápice da Segunda Guerra Mundial. E a guerra é a primeira recordação que tenho da minha infância.

Vivia-se com pouco, quase nada, apenas com o que a terra dava e com os frutos do trabalho modesto da minha mãe e do meu pai. Meu pai, Giovanni Bini, era tipógrafo e passava a maior parte dos dias montado em uma bicicleta rodando pelas cidadezinhas próximas em busca de clientes. Mas o dinheiro era pouco e nós éramos sete filhos — cinco mulheres e dois homens. Por isso, minha mãe, Romolina, também tinha que trabalhar.

Mamãe trabalhava com palha, que em Montespertoli era uma das atividades mais prósperas, juntamente às produções de vinho e azeite. A cidade era famosa pelos acessórios de vestuário em palha, sobretudo os chapéus, exportados para o mundo todo. A palha era colhida, secada e então desfiada e entrelaçada. **Minha mãe era a responsável pelo desfio e era famosa na cidade por sua rapidez, mesmo levando junto para o trabalho os filhos mais novos.** Em casa, cuidava de todos nós, das tarefas do dia a dia e da cozinha. Ainda hoje tenho vontade de chorar quando me lembro de todos os sacrifícios que ela fez... E nós, os filhos, a amávamos por isso: era o nosso pilar de sustentação, nossa referência.

Daquele período histórico não me lembro dos acontecimentos, mas me lembro da atmosfera: nas lojas havia muito pouco, a carne era quase inexistente. As pessoas se viravam como podiam, até mesmo fazendo permuta. Trocava-se o que dava, meu pai também o fazia. As famílias separavam provisões e depois racionavam o máximo possível. Além disso, muitas mulheres tinham ficado sozinhas — viram seus homens partirem para a frente de batalha e muitos nunca mais voltaram.

O clima político tinha criado divisões, mesmo em uma comunidade pequena como a nossa. Alguns apoiavam o regime fascista, outros nunca quiseram se aliar, e por isso eram boicotados. Todas as manhãs meu avô era obrigado a montar na bicicleta e ir comprar mantimentos fora da cidade, porque a loja mais próxima se recusava a vender para ele. O motivo? Opiniões políticas divergentes.

Eu tinha dois anos quando a Itália assinou o armistício e o Exército alemão, com os Aliados no seu encalço no Sul, bateu em retirada. Foram os anos mais difíceis. Combates eram travados em todos os cantos. A Toscana era uma região disputada por ser um ponto crucial para as rotas e a organização da resistência alemã ao Norte. Os alemães destruíam estradas e pontes à medida que se retiravam. Mandaram para os ares todas as pontes de Florença, poupando apenas a Ponte Vecchio. Nem mesmo as obras de arte escaparam. Para tentar salvá-las, a Galleria degli Uffizi foi esvaziada e suas coleções levadas para locais considerados mais seguros. Montespertoli ficava a apenas trinta quilômetros de Florença, mas não foi afetada pelos combates, tanto que muitas famílias, fugindo de zonas mais perigosas, procuraram abrigo na cidade. Foi assim que ali perto, no castelo de Montegufoni, desembarcaram quadros de Masaccio e Cimabue — e até a *Primavera*, de Botticelli.

Depois chegaram os americanos, com canhões que para nós, crianças, pareciam enormes, capazes de atingir um alvo a quilômetros de distância. Quando atiravam, o som ecoava por todo o vale — dava para ouvi-lo até mesmo de cidades vizinhas. Mas eu não tinha medo de nada, e um dia, enquanto os soldados estavam ocupados se preparando para um combate, parei na frente deles e com a maior cara de pau pedi um chiclete. **O chiclete era uma daquelas coisas estranhas — igual ao** cigarro — que nunca tínhamos visto antes e pareciam maravilhas de um valor inestimável.

A situação na cidade era de relativa tranquilidade, mas meu pai, que tinha as convicções dele, se viu envolto em hostilidades com os soldados aliados e precisou fugir. Eu, minha mãe e meus irmãos também tivemos de ir embora, e um agricultor, que vivia a poucos quilômetros de Montespertoli, nos hospedou por cerca de um ano em sua casa. E nossa avó paterna veio morar com a gente.

Minha vó Angiolina era diabética, por isso não deixavam que ela comesse doces — mas ela roubava o açúcar de casa e o escondia no armário. Eu sabia, mas não falava nada, era sua pequena cúmplice. Minha avó não se deixava abalar por nada e estava sempre de bom humor, não importava o que acontecesse. Aquela geração, a sua, havia conhecido o trabalho duro e as dificuldades.

Certo dia perguntei a ela: "Vó, o que você vai me deixar de herança?".

E ela, tranquila, respondeu: "Todas as minhas dores e as minhas veias varicosas".

Eu não sabia que a sua maior herança teria sido justamente aquela: a capacidade de fazer graça de tudo.

Quando a guerra acabou, pudemos voltar para a nossa casa e tentar reconstruir uma vida o mais próxima do normal possível. Comecei o ensino fundamental, mas não gostava de estudar. De que iria me servir se naquele tempo as mulheres estavam destinadas a cuidar da casa e da família? Mas eu tinha uma carta na manga: sabia as tabuadas de cor, então quando o professor fazia perguntas de matemática eu era sempre a primeira a responder. Desse modo consegui sempre me salvar e nunca ser reprovada.

Já das outras atividades eu gostava um pouco de todas. Adaptava-me bem tanto para jogar futebol e queimada com os meninos quanto para ler e desenhar, como era exigido das boas garotas. Porém, de fato eu era a mais "física" entre as minhas colegas. Não por acaso me chamavam de "o menino do Bini", porque meu pai queria muito um filho homem, mas, em vez disso, teve quatro filhas mulheres, incluindo eu. Só depois viria o meu primeiro irmão, e depois mais um.

Uma coisa de que eu gostava muito — quando ia brincar na praça com as outras crianças — era usar a criatividade para construir novos brinquedos com os quais a gente se divertia até o sol se pôr. Fazer o quê? A simplicidade da vida na cidade pequena aguça a imaginação.

Já em casa eu ajudava a minha mãe, sempre empenhada em cuidar dos avós e filhos. Toda vez que surgia um problema, eu não desanimava, procurava uma solução. E sou assim até hoje.

Quando a gente precisava de alguma coisa, normalmente ia até o doutor Pieri, o médico da cidade. O doutor Pieri era bem de vida, tinha até uma charrete. E ele gostava de mim, por isso eu o esperava voltar das consultas com o avental aberto, pronta para receber o que ele pudesse me dar — geralmente frutas, que eu levava correndo para casa. No meu íntimo, ainda lhe agradeço por aquele pequeno gesto, que para nós significava tanto.

Eram tempos difíceis aqueles do pós-guerra. A partir de 1940 e até 1949, cada família tinha uma caderneta de racionamento, um folheto que dava direito a comprar, em um dado intervalo de tempo, apenas uma certa quantidade de produtos alimentares e nada além disso, com o objetivo de racionar o pouco que existia. As quantidades distribuídas eram muito pequenas, por isso a chamavam de "a caderneta da fome". Claro, havia quem burlasse a restrição através de trapaças: alguns faziam cartões falsos, outros compravam provisões a mais com cartões de terceiros e depois revendiam tudo no mercado clandestino. Mas nós não, nós éramos gente honesta.

Crescendo, chegou a hora do ensino fundamental II. Naquele tempo nem todos frequentavam a escola e muitos paravam no quinto ano, especialmente as meninas. Era consenso que saber ler e escrever bastava — não havia necessidade de saber mais do que isso. Com onze anos, era hora de ajudar em casa. Eu só concluí o ensino fundamental graças em grande parte à professora Cipollaro, que todas as manhãs ia de casa em casa convencendo os pais a mandarem os filhos para a escola.

Certa manhã, em 1955, no fim do ensino fundamental, bateu à nossa porta tia Inês, irmã de papai, trazendo uma proposta para mim: me receberia por seis meses na fazenda de que cuidava com o marido perto de Siena. Desse modo, minha mãe teria uma boca a menos para alimentar por algum tempo.

A casa da tia Inês, para mim, foi como a Terra da Cocanha: eu podia comer de tudo, e sempre que tinha vontade. De manhã cedo, no café da manhã, não acreditava no que meus olhos viam. A mesa era posta com várias garrafas de leite, pão à vontade e muito mais. Na minha casa, meio litro de leite e um quilo de pão tinham que alimentar oito pessoas. Na tia Inês, por outro lado, até os animais comiam como príncipes. Eu ficava tão incrédula que me levantava de noite e ia me empanturrar de natas. Meus tios naturalmente sabiam, mas não diziam nada. Ficavam felizes de me ver satisfeita.

Na fazenda também morava um outro tio — que tinha problemas de saúde e com quem eu passava horas conversando — e Maria Pia, a filha da tia Inês. Maria Pia era dez anos mais velha do que eu, mas mesmo assim criamos uma grande conexão. Nós nos divertíamos juntas e, quando podíamos, fazíamos longos passeios pelo campo. Éramos em muitos, e a gente se adorava.

Depois de seis meses voltei para casa e, quando me viram, todos começaram a rir. Eu tinha engordado cinco quilos. E tinha me tornado uma mulher.

As receitas

Sopa rústica de Maremma

Esta sopa rústica não é bem da minha região, mas é uma receita típica dos agricultores e pastores de Maremma. É um prato simples porque era feito com aquilo que se tinha em casa. O seu ingrediente característico, que tem a função de dar um pouco de sustância, é o ovo cru colocado no final por cima da sopa, para que cozinhe com o calor.

Preparo
50 minutos

Dificuldade
● ● ● ● ●

Pique as cebolas em pedacinhos, após remover a casca e eventuais impurezas. Limpe o salsão, eliminando as folhas e as partes duras, e o corte em pedaços não muito pequenos (adequados para uma sopa).

Aqueça um fio de azeite em uma panela grande e adicione as cebolas e o salsão. Deixe cozinhar por mais ou menos 5 minutos em fogo baixo, depois adicione os tomates pelados, a pimenta-malagueta (se não gostar de comida picante, não é preciso colocá-la), as folhas de manjericão lavadas e o sal, então misture tudo.

Deixe cozinhar por cerca de 35 minutos. Durante o preparo, você pode adicionar um pouco de água se achar que a sopa está reduzindo demais.

Quando estiver pronta e com a consistência correta, sirva a sopa ainda quente em quatro pratos fundos. Acrescente duas fatias de pão em cada prato e quebre um ovo sobre elas — ele irá cozinhar graças ao calor da sopa recém-retirada do fogo. Se no processo a sopa tiver

Ingredientes para 4 pessoas
- 3 cebolas
- 1 salsão
- **500 g** de tomates pelados
- 1 pimenta-malagueta
- 4 ovos
- 8 fatias de pão
- **80 g** de pecorino romano ou queijo parmesão ralado
- **6-7** folhas de manjericão
- Azeite de oliva extravirgem
- Sal
- Pimenta-do-reino

esfriado um pouco, antes de quebrar o ovo você pode levá-la ao fogo por mais alguns minutos. Para finalizar, polvilhe o queijo ralado e a pimenta-do-reino triturada na hora, se você gostar.

Pão de prato

Se quiser se aventurar com um pão toscano feito em casa, aconselho este: o pão de prato. Suas características são a forma retangular e o uso de fermento natural, como se fazia antigamente, quando todas as famílias tinham o próprio fermento em casa porque não podiam comprá-lo no supermercado. É um pão insípido, como todos os pães toscanos, e isso faz com que seja um acompanhamento perfeito para alimentos mais apetitosos. Quando começar a envelhecer, use-o para a ribollita (ver receita na pág. 36).

Preparo
1 hora

Fermentação
24 horas

Forno
1 hora

Dificuldade
● ● ● ● ●

Em uma vasilha (ou, melhor ainda, em uma batedeira), misture bem a farinha com a água, adicionando-a pouco a pouco. Quando a massa estiver bem misturada, adicione o fermento natural e continue trabalhando até que ela esteja homogênea e elástica.

Em uma tábua enfarinhada, comece a sová-la. Essa etapa é muito importante para que a estrutura da massa fique mais consistente e o miolo fique macio depois de assado. Estique a massa em uma forma retangular, fazendo o processo todo à mão. Imagine agora que o seu retângulo esteja dividido em três retângulos menores. Dobre o primeiro retângulo por cima do segundo e depois o terceiro por cima dos dois primeiros. No final, você irá obter um retângulo formado pela sobreposição dos três retângulos iniciais. Dobre mais uma vez a massa ao meio e deixe-a descansar por 15 minutos. Coloque-a em uma vasilha e leve à geladeira por 24 horas.

Ingredientes para 1 kg de farinha
- **1 kg** de farinha branca
- **650 ml** de água
- **150 g** de fermento natural

No dia seguinte, transfira a massa para uma tábua enfarinhada e dê a ela o formato de um filão retangular. Depois, leve-a ao forno preaquecido na temperatura máxima, e logo em seguida abaixe para 160 °C e asse por uma hora.

Para checar se o pão está pronto, tire-o do forno e "bata" na parte de baixo com os nós dos dedos. Se soar cheio, significa que ainda está úmido por dentro, então leve-o de volta ao forno até que soe como se estivesse vazio.

Hidratar o fermento natural

Para esta receita, lembre-se de hidratar o fermento natural pelo menos um dia antes. Como alternativa, é possível substituí-lo por 5 gramas de levedura de cerveja.

Braciola toscana refeita no molho de tomate

De vez em quando sobram braciolas fritas do dia anterior, e então, o que fazemos? Nós as "refazemos"! Passando na frigideira com um belo molhinho. É assim que se faz na Toscana, principalmente na província de Arezzo. Mas caso você não tenha nenhuma sobra, pode usar braciolas frescas mesmo. A beleza deste prato é que é nutritivo e custa pouco, porque não é necessário que o corte da carne seja de primeira.

Preparo
10 minutos

Dificuldade
● ● ○ ○ ○

Se for preciso fritar as braciolas, comece daqui: esquente o óleo em uma frigideira. Enquanto isso, passe as braciolas primeiro no ovo e depois na farinha de rosca. Caso prefira que o empanado fique mais grosso, passe as braciolas no ovo e na farinha mais uma vez (nesse caso será preciso o dobro de ovos). Quando o óleo estiver quente (a cerca de 170 °C), frite as braciolas até que fiquem douradas. Depois escorra bem, tempere com sal a gosto e deixe que descansem sobre um papel absorvente.

Em uma frigideira, coloque o molho de tomate temperado com orégano e um pouco de azeite. Adicione as alcaparras para dar mais sabor e cozinhe o molho por alguns minutos, o suficiente para que ganhe sabor e engrosse um pouco. Coloque sal com moderação, tendo em mente que as braciolas também já têm sal.

Ingredientes para 4 pessoas
- **8** braciolas de porco fritas (melhor se forem sobras)
- **500 g** de molho de tomate
- **15** alcaparras
- Sal
- Orégano
- Azeite de oliva extravirgem

Para uma eventual fritura das braciolas:
- **2** ovos
- Farinha de rosca ou pão ralado
- Óleo
- Sal

Coloque as braciolas na frigideira e continue o preparo por mais 2 ou 3 minutos, para que elas reaqueçam e absorvam o molho. Depois apague o fogo e sirva logo em seguida.

Castagnaccio

É uma torta de castanha à moda toscana, também conhecida como migliaccino, é uma receita típica dessa região e que me traz muitas lembranças — nem todas boas. Eu era criança, estávamos em guerra e minha mãe tinha conseguido guardar meio quilo de farinha de castanha em um saco na varanda. Ela iria fazer para nós uma torta de castanha, que na época era muito popular porque para prepará-la bastavam poucos ingredientes — baratos e relativamente fáceis de encontrar. De repente, um soldado entrou em casa e tentou violentar minha mãe. Meu avô Gino expulsou o agressor, que conseguiu roubar o saco de farinha durante a fuga. Aquele saco era tudo o que a gente tinha. Minha mãe jamais esqueceu esse trauma, fosse pela tentativa de estupro, fosse pelo furto. E eu também, toda vez que preparo a torta de castanha, sinto subir pela garganta a mesma raiva e o mesmo desconforto de então. Mas prepará-la é também um jeito de lembrar da minha adorada mãe, porque esta receita quem me ensinou foi ela, e hoje eu a passo para vocês.

Preparo
30 minutos

Cozimento
30 minutos

Dificuldade
● ● ○ ○ ○

Comece lavando o alecrim, tirando as folhas do raminho e colocando-as em uma superfície limpa.

Coloque a farinha de castanha e o sal em uma vasilha e adicione, pouco a pouco, 120 ml de água. Lembre-se de misturar a massa, que deverá ficar aveludada e sem pelotas. Caso fique muito sólida (irá depender da qualidade da farinha utilizada), você pode acrescentar mais água, cerca de 20 ml a 30 ml.

Agora, coloque o papel manteiga numa assadeira para tortas baixas e despeje a massa — certifique-se de que ela fique nivelada

Ingredientes para 4 pessoas
- **250 g** de farinha de castanha Portuguesa (ou farinha de castanha-do-pará ou de caju.)
- **1** raminho de alecrim
- **1/2** colher de café de sal
- Azeite de oliva extravirgem
- **50 g** de pinoli

de maneira uniforme. Espalhe as folhinhas de alecrim e o pinoli por cima.

Leve a assadeira ao forno preaquecido a cerca de 180 °C e deixe assar por 30 minutos. Lembre-se de que o assamento será bastante rápido e de que a superfície da torta deverá adquirir uma coloração não muito escura. Para checar o ponto da torta, um palito de dentes pode ajudar: ela precisa estar macia, mas ao mesmo tempo sólida e compacta.

Já provou a torta com amêndoas?

O castagnaccio clássico é feito com pinoli. As amêndoas e outros tipos de castanhas são uma alternativa mais barata, mas você pode usar a criatividade e utilizar outras oleaginosas, como nozes ou avelãs. Alguns chegam até mesmo a colocar um pouco de uva-passa.

Gnudi de espinafre

O gnudi é um prato muito simples e nutritivo, típico das regiões de Grosseto e Siena, que são zonas com uma vocação agrícola muito forte. Os ingredientes básicos são só dois: o espinafre e a ricota. Lembrou alguma coisa? Exato, a mistura é a mesma do recheio do tortelli de ricota e espinafre, só que sem a massa. Por isso se chamam "gnudi", que em toscano quer dizer "nus". Geralmente é um prato também muito amado pelas crianças — e de fato, eu sempre preparei os gnudi tanto para os meus filhos quanto para os meus netos.

Preparo
40 minutos

Dificuldade
● ● ● ● ●

Lave muito bem o espinafre, remova as hastes maiores e ferva em uma panela com água por mais ou menos 10 minutos. Escorra e esprema muito bem (senão a massa vai ficar aguada e você não conseguirá trabalhar com ela), depois triture com uma faca mezzaluna ou com um passador de legumes.

Coloque tudo em uma vasilha com a ricota sem o líquido, o ovo, a farinha, o sal, uma pitada de pimenta-do-reino e, se quiser, também um pouco de noz-moscada ralada. Misture tudo e depois trabalhe na massa com as mãos enfarinhadas para evitar que ela grude nos dedos. Faça bolinhas mais ou menos do tamanho de uma noz.

Em uma panela alta, leve à fervura água com sal e mergulhe os gnudi pouco a pouco com a ajuda de uma escumadeira. Quando eles boiarem, significa que estão prontos (depois de cerca de 5 minutos).

Ingredientes para 4 pessoas
- **600 g** de espinafre fresco
- **200 g** de ricota (preferivelmente de ovelha)
- **1** ovo
- **120 g** de farinha branca
- **1** noz-moscada para ralar
- **50 g** de parmesão ralado
- **50 g** de manteiga
- Algumas folhas de sálvia
- Sal
- Pimenta-do-reino

Sempre utilizando a escumadeira, escorra os gnudi e os coloque em uma travessa.

Em uma frigideira menor, derreta a manteiga com as folhas de sálvia e coloque por cima dos gnudi, como um molho. Por fim, polvilhe o queijo parmesão ralado por cima.

Variantes apetitosas

Em vez da manteiga, é possível escolher como condimento um molhinho bem leve de tomate. Também há quem coloque queijo pecorino no lugar do parmesão. Depende se você gosta de um sabor delicado ou mais arrojado.

Necci

Pode parecer estranho, mas quando eu era criança também tínhamos os nossos "crepes": os necci, ou crepes toscanos. Eles são feitos com farinha de castanha, por isso são típicos do outono e de zonas de bosques, como a Garfagnana, mas também são encontrados em outras partes da Itália com diferentes nomes. Antigamente eram feitos em uma espécie de assadeira de barro ou ferro fundido, que era colocada na lareira acesa. Depois era tampada, e sobre a tampa eram espalhadas brasas para garantir que os crepes ficassem bem assados.

Preparo
30 minutos

Dificuldade
● ○ ○ ○ ○

Esquente 300 ml de água em uma panela pequena.

Em uma vasilha de vidro, coloque a farinha de castanha peneirada e uma pitada de sal. Adicione a água aos poucos — talvez não seja necessário usá-la toda. Misture bem com um batedor de ovos para obter uma massa lisa e densa.

Caso você não tenha uma crepeira, coloque no fogo uma frigideira de fundo chato antiaderente — untada com um fio de azeite — de 18 cm a 20 cm de diâmetro. Com uma concha, despeje a massa no meio (cada dose equivale a mais ou menos três quartos da concha) e gire a frigideira para distribuir a mistura de maneira uniforme.

Cozinhe o crepe em fogo baixo por cerca de 2 minutos de cada lado, virando-o com uma espátula. Repita o procedimento para preparar os outros crepes e os empilhe em um prato à medida que eles forem ficando prontos.

Ingredientes para 8 crepes
- **500 g** de ricota
- **50 g** de açúcar granulado
- **350 g** de farinha de castanha
- Azeite de oliva extravirgem
- Sal
- Cacau em pó

Em uma vasilha, misture com um batedor de ovos a ricota e o açúcar a fim de obter uma mistura cremosa. Coloque um pouco dessa mistura no meio dos crepes e enrole.

Por fim, salpique um pouco do cacau em pó por cima dos crepes e os sirva ainda mornos.

Zarolhos, cheinhos, de vento...

Os crepes toscanos são deliciosos não só como um doce, mas também como um lanche ou uma pequena entrada. Nos Apeninos bolonheses, por exemplo, existem os *crepes zarolhos*, com uma finíssima fatia de pancetta (mas o rigatino toscano é ainda melhor!). Por outro lado, na região de Pistoia, eles são recheados com linguiça e chamados de *crepes cheinhos*. E olha, nada impede que você os coma sem recheio algum, ou, como diríamos, *de vento*.

Pasta e fagioli

É uma sopa de feijão com macarrão é um prato típico toscano com o qual eu me dou particularmente bem. Em tempos de guerra a comíamos bastante, porque o feijão, como as verduras, era fácil de achar com os agricultores locais. Além disso, ele contém proteínas, por isso era um bom substituto para a carne — que era impossível de encontrar. Agora, contudo, eu preparo a sopa de feijão com macarrão porque gosto. E não pense você que é um prato simples. Se bem temperado, fica uma delícia.

Preparo
30 minutos

Dificuldade
● ○ ○ ○ ○

Ferva mais ou menos 300 ml de água com o alho e a sálvia em uma panela espaçosa. Em outra panela coloque o alecrim, um fio de azeite, a passata de tomate e refogue bem por cerca de 5 minutos em fogo baixo.

Passe cerca de metade dos feijões no passador de legumes e depois os coloque na panela com água — após ter removido o dente de alho. Acrescente a outra metade dos feijões que ficou inteira.

Despeje na panela também a passata de tomate com o alecrim.

Após se certificar de que a água está fervendo de novo, coloque uma pitada de sal e o macarrão (caso vá usar o espaguete, pode quebrá-lo). Quando o macarrão estiver pronto, sirva a sopa diretamente da panela.

Para finalizar, você pode adicionar uma pitadinha de pimenta-do-reino.

Ingredientes para 4 pessoas
- **250 g** de macarrão para sopa ou espaguete em pedaços
- **400 g** de feijão cozido
- **1** dente de alho
- **4-5** folhas de sálvia
- **1** raminho de alecrim
- **100 g** de passata de tomate
- Azeite de oliva extravirgem
- Sal
- Pimenta-do-reino

Molho de tomate com legumes

Quando meus netos não queriam comer legumes, eu resolvia o problema preparando esse molhinho que eles adoravam, e assim, sem eles nem perceberem, comiam um pouco de vegetais. Claro, não era muita coisa, mas era um bom começo. A esperança era que, se acostumando devagarzinho com o sabor dos legumes, mais cedo ou mais tarde passariam a apreciá-los. O ideal é preparar o molho no verão, com tomates bem maduros e verduras da estação. Depois você pode congelar e usar quando precisar.

Preparo
40 minutos

Dificuldade
● ○ ○ ○ ○

Descasque a cebola, lave bem os tomates, remova o miolo do pimentão e lave bem – e lave também a abobrinha. Para limpar o salsão, retire as folhas e depois o lave. Descasque a cenoura. Corte todos os legumes em cubinhos não muito pequenos e os coloque em uma vasilha, exceto a cebola.

Em uma panela grande, despeje um fio de azeite e a cebola. Depois de 2 ou 3 minutos, quando a cebola estiver levemente douradinha, acrescente os outros vegetais, as folhas de manjericão lavadas e cerca de 200 ml de água. Finalize com uma pitada de sal.

Deixe cozinhar por uns 30 minutos, depois desligue o fogo. Caso prefira que o molho fique com uma consistência mais lisa e aveludada, com a ajuda de uma escumadeira retire todos os legumes sólidos que sobraram na panela e coloque-os no processador de alimentos. Processe tudo até que o molho fique bem homogêneo.

Ingredientes para 500 g de tomates
- **500 g** de tomates vermelhos maduros
- **1** pimentão vermelho
- **1** cenoura
- **1** abobrinha
- **1** cebola
- **1** salsão
- **5-6** folhas de manjericão
- Sal
- Azeite de oliva extravirgem

Ribollita

Quando não tínhamos nada, a ribollita estava lá. Talvez faltasse um ou outro ingrediente, mas de algum jeito conseguíamos fazê-la. E pensar que é um prato cuja origem está na mesa dos ricos. Na Idade Média não existiam pratos nem talheres, então os ricos comiam em "pratos" feitos de pão de farinha de grão-de-bico. Os restos desse pão eram dados aos empregados, que cozinhavam as sobras novamente com as verduras que tinham disponíveis. Daí o nome Ribollita (recozida), porque a sua característica é que, depois de pronta, ela é esquentada uma segunda vez. E de fato, ela é muito gostosa fresca, mas no dia seguinte fica ainda melhor!

Preparo
30 minutos

Cozimento
2h10 min

Dificuldade
● ○ ○ ○ ○

Em um processador de alimentos, bata metade dos feijões com um copo de água. Limpe a cebola, a cenoura e os tomates. Descasque e corte as batatas em pedacinhos. Faça o mesmo com a cenoura e os tomates. Remova a espinha central das folhas da couve toscana, o talo do repolho e pique as folhas em pedaços de tamanho médio. Limpe, lave e pique a acelga.

Em uma panela, coloque três colheres de azeite e, quando estiver quente, adicione a meia cebola bem picadinha e o raminho de alecrim já lavado. Passados 5 minutos, remova o alecrim e adicione as batatas, a cenoura, os tomates, a couve, o repolho e a acelga. Cozinhe tudo em fogo baixo por mais 5 minutos, sempre misturando os vegetais, e tempere com sal e pimenta-do-reino.

Agora, adicione 800 ml do caldo de legumes e continue cozinhando em fogo

Ingredientes para 4 pessoas

- 200 g de pão amanhecido
- 500 g de feijão-branco cozido
- 300 g de couve toscana
- 150 g de acelga
- 150 g de repolho
- 2 batatas
- 1 cenoura
- 2 tomates pelados
- 1 raminho de alecrim
- Cerca de 1 litro de caldo de legumes
- 1/2 cebola
- Azeite de oliva extravirgem
- Sal
- Pimenta-do-reino

médio-baixo por uma hora e meia com a panela tampada, colocando mais caldo de tempos em tempos caso a sopa comece a secar. Depois coloque os feijões processados e os inteiros e continue cozinhando por mais 30 minutos. Parta o pão em pedacinhos e coloque na panela, então misture e deixe no fogo por mais 10 minutos. Para finalizar, acrescente azeite, sal e pimenta a gosto.

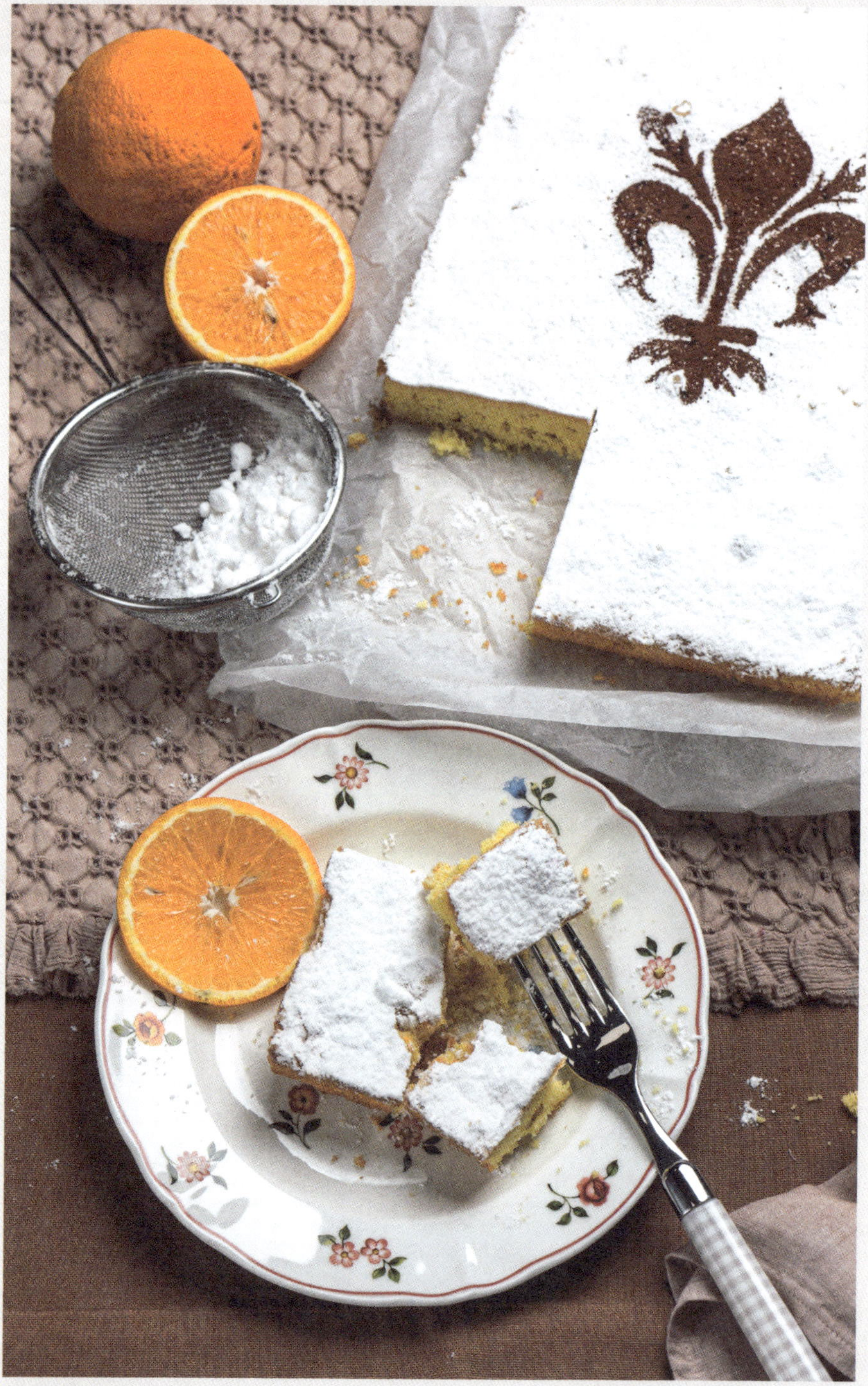

Schiacciata rápida à fiorentina

Você esperava uma schiacciata salgada? Errado! A schiacciata no estilo florentino é um doce, e não deve ser confundida com a schiacciata toscana — essa sim é salgada. Neste caso temos uma torta bem macia e que é tradicionalmente preparada na terça-feira de Carnaval. Na receita original estão previstos dupla fermentação, banha de porco e, às vezes, açafrão, porém vou te dar uma versão mais rápida aqui. Mas, atenção, o lírio no final não pode faltar!

Preparo
10 minutos

Forno
35-40 minutos

Dificuldade
● ○ ○ ○ ○

Em uma vasilha grande, junte o açúcar, os ovos, uma pitada de sal, as raspas de limão, o suco da laranja, o azeite, a farinha e o fermento. Misture tudo muito bem e garanta que não forme pelotas. Em uma assadeira que vá ao forno, de mais ou menos 20 cm x 20 cm, untada com manteiga, despeje a massa obtida e leve ao forno preaquecido a 180 °C por 35 a 40 minutos.

Quando a massa terminar de assar, polvilhe o açúcar de confeiteiro e um pouco de cacau por cima. Se quiser fazer a coisa do jeito certo, arranje uma forminha ou um estêncil do lírio florentino (você pode até fazer em casa, imprimindo e cortando uma imagem da flor) e use para desenhar o lírio sobre a superfície com o cacau em pó.

Ingredientes para uma forma de 20 cm x 20 cm

- **220 g** de farinha branca
- **50 g** de azeite de oliva extravirgem
- **170 g** de açúcar
- **2** ovos
- **15 g** de fermento para doces (1 saquinho)
- **1** laranja
- Raspas de **1** limão
- Sal
- Açúcar de confeiteiro
- Manteiga
- Cacau em pó

Tripa à moda florentina

Eu sempre disse que, para mim, as coisas mais simples são as melhores, tanto na cozinha quanto na vida. A tripa, assim como o abomaso, usado para o lampredotto,* era uma parte que antigamente se descartava, a carne de pior qualidade, ou seja, os miúdos que sobravam depois da divisão do animal nas quatro partes principais: duas anteriores e duas posteriores. Agora é sofisticado. Não são necessárias receitas complexas. O melhor preparo, na minha opinião, continua a ser o mais básico e ao alcance de todos: tomate, tempero e uma salpicada generosa de parmesão. A única dificuldade é acertar o tempo de cozimento.

Preparo
1 hora

Dificuldade
● ● ○ ○ ○

Lave minuciosamente a tripa com água fria e deixe escorrer bem. Depois, corte em filetes bem finos (de cerca de 2 cm).

Agora comece a preparar o tempero. Descasque a cenoura e a cebola. Remova as folhas do salsão e lave-o junto à cebola. Pique tudo, despeje em uma panela com um fio de azeite e deixe refogar em fogo médio.

Quando o refogado estiver douradinho, adicione os filetes de tripa com o vinho e cozinhe por 10 minutos, misturando sempre até que o vinho evapore.

Acrescente os tomates, o sal e a pimenta e deixe cozinhar por mais 30 minutos em fogo médio-baixo sem tampa — para evitar que a tripa vire um caldo. Pode ser necessário colocar mais tripa dependendo do tipo e do corte da carne, por isso verifique a consistência

Ingredientes para 4 pessoas

- **1 kg** de tripa de vitela limpa e pré-cozida
- **500 g** de tomates pelados
- **1** cenoura
- **1** cebola
- **1** salsão
- **100 ml** de vinho branco
- Azeite de oliva extravirgem
- Sal
- Pimenta-do-reino
- Parmesão ralado
- **4** fatias de pão torrado

* *Lampredotto* é um clássico sanduíche florentino feito com uma das partes do estômago bovino, o abomaso. Veja a receita na pág. 140. (N.E.)

fazendo um corte. Se estiver muito dura, deixe cozinhando até que fique macia.

Quando estiver pronta, se quiser adicione parmesão ralado a gosto, misture tudo e sirva com uma fatia de pão torrado.

2. Com empenho tudo é possível

Eu tinha 14 anos quando soube que uma empresa têxtil a dois quilômetros de casa estava contratando. Era de propriedade da família Piazzini. Produziam camisas e roupas íntimas, que eram confeccionadas e então enviadas para toda a Itália. Corria o ano de 1955, o país estava em pleno *boom* econômico e as empresas estavam em expansão. As vendas e exportações de produtos típicos estavam lá no alto.

Eu e três das minhas irmãs nos candidatamos. Contrataram todas. Duas eles mandaram para a costura, enquanto eu e mais uma viramos passadeiras. Tínhamos que passar as roupas costuradas e lavadas, depois recolocá-las na confecção para que fossem etiquetadas e expedidas. Para facilitar, colocávamos fécula de batata para passar as roupas. Era um trabalho monótono, e muitas vezes o cansaço batia, mas não podíamos nos distrair — se estragássemos uma peça, era descontada do nosso salário.

As jornadas de trabalho eram enormes. Eu recebia por peça, ou seja, de acordo com o número de roupas que eu passava. Então, quanto mais horas eu trabalhasse, mais camisas eu passava e mais eu ganhava. Começava às seis da manhã e ia até as oito da noite — e às vezes até mais, nos períodos em que havia muito trabalho. Nesse ínterim, fazíamos apenas uma hora de almoço, o suficiente apenas para que eu e minhas irmãs fôssemos para casa comer alguma coisa.

Nós quatro éramos muito rápidas, **tanto que começaram a nos chamar de "as Romolinas", em homenagem à minha mãe, de cuja eficiência todos ainda se lembravam. Eu ficava orgulhosa.**

Ganhava-se bem, mas sobrava muito pouco para mim, porque eu tinha que ajudar a família. Em dia de pagamento, meu pai nos reunia em volta da mesa da cozinha, perguntava quanto cada uma havia ganhado naquele mês e juntava todos os salários para criar um "fundo de família". Ele deixava que ficássemos só com uma parte pequena do dinheiro. Tudo bem, eu confesso, minhas irmãs e eu não éramos completamente honestas sobre quanto ganhávamos e guardávamos um pouquinho para nós. Tenho certeza de que meu pai sabia, mas ele nunca disse nada.

Afinal, naquela época quem tinha 14 anos já era considerado adulto e esperava-se que fosse capaz de suprir algumas despesas básicas pessoais. As condições econômicas eram o que eram, e não se podia depender dos pais por muito tempo. Tão logo você fosse capaz de trabalhar, tinha que não só começar a se virar sozinho, como também se tornar uma fonte de renda para a família.

Além disso, uma mulher naquela idade já começava a guardar um pouco para o dote. Com 18 anos já estava na idade de encontrar um marido, e depois de casada precisava contribuir para a formação do novo núcleo familiar. Geralmente se tratava de roupa de cama, mesa e banho e objetos do lar — e se houvesse algum dinheiro, melhor ainda. As garotas então começavam, alguns anos antes e um pouquinho por vez, a separar todo o necessário. Eu também o fiz. Com o meu primeiro salário comprei o que precisava para o enxoval de casamento: roupas, sapatos e alguma maquiagem. Com os salários seguintes, consegui me mimar um pouquinho.

Com o tempo, graças à minha velocidade e precisão no trabalho, ganhei a estima da família Piazzini. Certo dia, enquanto eu passava roupa, me perguntaram: "Silvana, por favor, você pode ir até a nossa casa, no andar de cima, e colocar a água do macarrão para ferver?". Depois, a senhora começou a me dar outras tarefas, como limpar e cozinhar. Foi ela que me ensinou algumas das receitas que eu preparo até hoje, como o molho de tomate com legumes. Por fim, ganhei a tal ponto a confiança da família que passei a me sentar à mesa com eles e a comer o que eu mesma havia cozinhado. Essas tarefas eram pagas como um extra, que eu não dava ao meu pai, por isso comecei a ganhar bem. **Naquela altura já me sentia uma mulher, e não fui só eu a reparar nisso.**

Quando voltava do trabalho eu passava em frente ao bar da cidade, e era ali que eu via sempre um rapaz, Giovanni Martini. Com aqueles olhos azuis, como não o notar?

Aquele bar era onde os jovens se encontravam à tarde – até porque em Montespertoli não tinha muito mais o que fazer. A opinião geral era que se divertir era coisa de desmiolado, de quem não tinha vontade de trabalhar. Para todos os outros, o dever vinha em primeiro lugar. Para fazer festa, nós, jovens, íamos a um galpão ou garagem qualquer e lá colocávamos música e dançávamos. Eram anos nos quais os jovens não escutavam mais Claudio Villa, mas sim gingavam ao ritmo dos primeiros *rock 'n' roll*. Uma das minhas canções favoritas era aquela que dizia assim: "Stand by me, Diana!". Quem cantava era aquele rapaz americano, Paul Anka. Eu também ia dançar nas garagens, mas fazia isso escondida do meu pai, né?! Porque se ele descobrisse me daria *uns tabefes*.

Aquele bar era muito movimentado, principalmente porque tinha em posse um tesouro: uma televisão. Naquele tempo, assistir à TV no bar era um rito coletivo, porque ninguém tinha uma televisão em casa e os programas eram uma novidade absoluta – a RAI[*] começou suas transmissões

---

[*] *Radiotelevisione Italiana*, uma empresa de televisão e rádio estatal da Itália.

só em 1954. Existia um programa fixo, o *Lascia o raddoppia?* ("Desiste ou duplica?" em português), que primeiro passava no sábado e depois na quinta-feira à noite. Quem apresentava era um simpático homem na casa dos trinta anos, meio americano, o Mike Bongiorno. Até então os italianos nunca tinham visto na TV um jogo que distribuísse prêmios. Para nós os valores pareciam astronômicos. Ficávamos ali torcendo para os participantes, tentando dar a resposta certa e sonhando em estar no lugar deles. Eu também ia assistir ao Festival de Sanremo ali — embora o lugar ficasse tão cheio que, por mais que eu ouvisse as canções, nunca consegui ver nada em meio à floresta de cabeças. Mas "Nel blu, dipinto di blu" eu sabia de cor.

Eu conhecia o Giovanni, ele também era de Montespertoli. Era um rapaz bonito, eu gostava dele, me parecia ser uma boa pessoa, e tive certeza disso quando o conheci melhor. Seu pai tinha um pequeno negócio de distribuição de frangos. Comprava os animais dos agricultores, abatia-os, preparava para o consumo e depois os colocava no cavalo (sim, um cavalo) para ir vender nas lojas e restaurantes das cidades vizinhas. No começo, vendo Giovanni ali no bar, eu achava que ele não tivesse um trabalho. Depois fiquei sabendo que era torneiro mecânico em uma fábrica de Florença, e que antes de ir trabalhar, às quatro da madrugada, ajudava o pai a carregar o cavalo.

A família dele era de comerciantes, logo tinha melhores condições do que a minha, que desde sempre teve dificuldades em colocar comida na mesa. Por isso, quando reparei nas olhadas que Giovanni me dava, não liguei muito. Imagina só se ele se interessaria por mim?! Mas então... olha hoje, olha amanhã, e no fim por aqueles olhos azuis eu me apaixonei.

Não foi o meu primeiro amor. Eu havia tido outro namorado, mas ficamos juntos pouco tempo. Éramos jovens e não sabíamos o que queríamos, o que esperar um do outro. Com Giovanni foi diferente. Logo percebi que concordávamos em muitas coisas.

Começamos a namorar. Meu pai, quando soube, disse a Giovanni: "Olha que essa daí é teimosa, você vai logo perceber!". Mas a verdade era que ele não acreditava que eu estivesse comprometida. Além do mais, era uma boca a menos para alimentar!

Um dos aspectos que Giovanni e eu tínhamos em comum era ter a mesma visão a respeito do nosso futuro: tínhamos a convicção de que trabalhar e se empenhar em um projeto era o caminho certo para atingir um objetivo. Giovanni era uma pessoa inquieta, tinha mil ideias e se jogava nelas sem pensar demais. É isso, talvez esta fosse a nossa diferença: eu ponderava mais sobre as eventuais consequências econômicas, enquanto ele se atirava com tudo, levado pelo entusiasmo.

Mas aquele era o momento histórico certo para se jogar. Era o início da década de 1960, a economia ia de vento em popa, a indústria e o comércio de manufaturados prosperavam. E pediam por força de trabalho. As pessoas passaram a ter um emprego, um salário e voltaram a comprar. Surgiram os primeiros Fiat 500 e 600, as primeiras televisões em casa, mas se gastava principalmente em produtos de que antes era preciso abdicar, como a carne.

Giovanni decidiu que a atividade de processamento e distribuição de frangos do pai seria um bom negócio, com um potencial de crescimento promissor. Deixou o trabalho de torneiro — de que não gostava — e assumiu o pequeno comércio da família com a ideia de transformá-lo em uma empresa de verdade. Não eram muitos os que ofereciam aquele tipo de serviço. Ele iria se inserir no mercado, que ainda tinha pouca competição, e ampliaria a oferta.

Eu não queria largar meu emprego com os Piazzini, mas ao mesmo tempo queria ajudar Giovanni em sua nova empreitada, por isso, por alguns anos, fiz os dois trabalhos. Vou ser sincera: tive que fazer enormes sacrifícios, mas o cansaço não me assustava. Eu fazia aquilo por Giovanni, fazia por nós e pela família que queríamos construir. A minha função principal era descarregar as cestas com os frangos do caminhão e limpá-las para estarem prontas para o carregamento seguinte. Mas eu também ajudava a carregar os carrinhos e a levar os frangos para os congeladores. Tinha muita coisa para fazer. E na época de festas, então, quando a procura era maior, precisávamos não correr, mas sim voar!

Os negócios iam bem, e depois de um tempo Giovanni decidiu comprar um caminhão frigorífico para poder atender a um maior número de clientes. O investimento foi grande, mas valeu a pena, pois permitiu transportar mais mercadoria mais rapidamente, por isso a demanda aumentou. Em pouco tempo, passamos a fornecer para cada vez mais negócios e restaurantes — e até ganhamos alguns clientes que compravam no varejo. Giovanni precisou procurar por novos fornecedores porque os agricultores da região já não conseguiam atender aos pedidos, e passou a ir até Forlì duas manhãs por semana, segunda-feira e quarta-feira, para reabastecer o estoque com criadores locais. Compramos um terreno onde instalamos o armazém, um espaço para o abate e alguns maquinários para a preparação da carne — depois compramos mais dois caminhões frigoríficos. E quando não foi mais possível gerir tudo sozinhos, contratamos os primeiros funcionários.

Em 1963, Giovanni e eu finalmente compramos uma casa e nos casamos. No ano seguinte já fiquei grávida de Marco, nosso primogênito. Naquela altura precisei deixar o trabalho como passadeira para me dedicar à família e à nossa empresa. Trabalhei o máximo que consegui. Quando a barriga ficou grande demais, passei a carregar as cestas dos frangos nas costas.

Depois que Marco nasceu, parei de trabalhar por pouco tempo e logo voltei a ajudar Giovanni. Dezoito meses depois estava grávida de novo, dessa vez de uma menina, Simona.

Meus dias eram longos e cheios, mas eu continuava a enfrentá-los com a garra e o sorriso de sempre. Cuidava das crianças e trabalhava com Giovanni, mas era demais, até mesmo para mim, então contratamos uma babá. Quando ela não podia, quem cuidava de Marco e Simona era minha mãe, Romolina, principalmente às quintas e sextas-feiras, quando precisávamos carregar os caminhões e enviar a mercadoria.

Começamos a construção de uma nova casa e Giovanni comprou uma fazenda. Eram quatro hectares de vinhedos, olivais e também diversos edifícios. Ele tinha a intenção de que a fazenda fosse um segundo trabalho, em paralelo ao primeiro. Montespertoli era uma região famosa pelos vinhos e azeites, então queríamos iniciar a produção dessas iguarias locais para depois vendê-las.

Eu me sentia cansada, mas feliz. Depois das privações da guerra, a vida havia me dado tudo aquilo que eu desejava: uma linda família e um trabalho próspero — aliás, dois. O que poderia dar errado?

As receitas

Cacciucco à moda de Livorno

O cacciucco é um ensopado de peixe típico das regiões de Viareggio e Livorno. Em 1891, Pellegrino Artusi, pai de todos os livros de receita toscanos, já dava a receita no seu A ciência na cozinha e a arte de comer bem. Artusi diferenciava a caldeirada de Livorno e a de Viareggio, mas a verdade é que existem muitíssimas receitas desse prato. Eu escolhi uma básica, mas é possível usar dezenas de tipos de peixes diferentes. A sopa de peixe, em todas as suas versões, é um prato tradicional das cidades portuárias, onde é preparada usando o que houver disponível no momento — apesar de o polvo não poder faltar. Meu conselho é escolher com base na pesca do dia, para garantir que os ingredientes estejam bem frescos.

Preparo
2 horas (+ 3 horas para a limpeza dos peixes, se não forem comprados já limpos)

Dificuldade
● ● ● ● ○

Para esta receita, aconselho a comprar o peixe já limpo e descamado. Caso contrário, comece pela limpeza. Antes de mais nada, para limpar o mexilhão, deixe-o de molho por pelo menos três horas em água fria e levemente salgada. Descame o rascasso e o cação e remova as cabeças e as caudas. Limpe o polvo removendo as entranhas da cabeça, os olhos e o bico cartilaginoso (para detalhes, veja a pág. 98), e das lulas remova a cartilagem interna.

Pique o polvo e a lula em pedaços não muito pequenos.

Em uma frigideira larga, coloque um pouco de azeite. Descasque o alho, reservando dois dentes, esmague e coloque o resto na frigideira com a pimenta-malagueta e as folhas de sálvia lavadas. Refogue por alguns minutos. Quando o alho começar a dourar, adicione o polvo e deixe cozinhar com a frigideira tampada por pelo menos 20 minutos. Se durante o processo

Ingredientes para 4 pessoas
- **500 g** de polvo
- **400 g** de cação-liso
- **300 g** de rascasso-vermelho
- **250 g** de lagostim
- **250 g** de lula
- **500 g** de mexilhão
- **1** cabeça de alho
- **1** pimenta-malagueta
- **1** raminho de sálvia
- **100 ml** de vinho tinto
- **300 g** de passata de tomate
- **8** fatias de pão torrado
- Azeite de oliva extravirgem
- Salsinha
- Sal
- Pimenta-do-reino

você reparar que o refogado está ficando muito seco, complete com água quente.

Passados os 20 minutos, adicione a lula e cozinhe por mais cerca de 25 a 30 minutos.

Coloque a passata de tomate, meio copo de vinho tinto e continue o processo por mais 10 minutos. Agora, coloque na frigideira as postas do cação e do rascasso, tempere com sal e pimenta-do-reino e tampe novamente. Como anteriormente, se o peixe estiver muito seco (se faltar o molhinho), complete com água quente.

Depois de cerca de 10 minutos, misture e vire o peixe do outro lado, com cuidado para não o quebrar, e deixe no fogo por mais 10 minutos.

Cozinhe os mexilhões em uma panela por cerca de 5 minutos — até que se abram. Separe um quarto dos mexilhões com a concha e descasque o resto.

Por fim, adicione-os à caldeirada junto ao lagostim e continue cozinhando por mais 20 a 30 minutos. O importante é que todos os peixes e frutos do mar fiquem bem cozidos. Experimente com um garfo: o rascasso e o cação precisam estar macios, mas não desmanchando, e a lula e o polvo têm de estar tenros, não borrachudos.

Salpique a salsinha triturada, desligue o fogo e misture.

Toste as fatias de pão em uma frigideira ou torradeira, tempere esfregando os dois dentes de alho reservados anteriormente e coloque-as inteiras dentro da caldeirada.

Versões

Além dos peixes já mencionados, também caem bem nesse prato o linguado, o salmonete, a cigarra-do-mar, o peroá e o tamboril. Só preste atenção aos tempos de cozimento, que variam de acordo com o tipo de peixe.

Cantucci de laranja e chocolate

Ao lado do ricciarelli de Siena, os biscoitos cantucci estão entre os doces que mais me pedem on-line, porque são um símbolo da cozinha toscana. Aqui irei propor uma versão de laranja e chocolate, mas, se você quiser fazer a receita tradicional, basta seguir o mesmo procedimento removendo esses ingredientes. Uma curiosidade: o nome cantucci provavelmente vem de canto, que em toscano significa parte, porque o filão do pão é assado inteiro e só na fase final do preparo é que é fatiado e levado ao forno novamente para dourar os cantos.

Preparo
45 minutos

Forno
20 minutos

Dificuldade
● ● ○ ○ ○

Inicie peneirando em uma vasilha a farinha (reserve 20 gramas) e o fermento.

Adicione os cubinhos de laranja, o cacau, o mel, a manteiga (amolecida fora da geladeira por 30 minutos), os ovos e o açúcar. Misture com um batedor ou um garfo. Depois transfira a massa para uma superfície coberta com a farinha que sobrou e continue a trabalhar nela por alguns minutos com as mãos.

Divida a massa em dois filões com cerca de 2 cm de altura. Coloque-os bem afastados um do outro em uma forma com papel-manteiga e asse por 15 minutos a 170 °C.

Quando tirar a massa do forno, por estar quente, ela estará macia. Corte os filões de forma oblíqua, com uma faca de pão, de modo a obter biscoitos de 1,5 cm de largura cada. Diminua a temperatura do forno para 150 °C e coloque para assar por mais 5 minutos. Quando estiverem prontos, deixe esfriar.

Os cantucci podem ser conservados em um recipiente fechado por até 15 dias.

Ingredientes para 30 cantucci

- **150 g** de farinha branca
- **1** colher de chá de fermento em pó
- **30 g** de laranja cristalizada em cubos
- **30 g** de cacau amargo
- **1** colher de sopa de mel
- **60 g** de manteiga
- **2** ovos médios
- **70 g** de açúcar

Cenci de Carnaval

Na Toscana, a tradição manda que no Carnaval sejam preparados os cenci. Na realidade, é uma tradição difundida em toda a Itália com diversos nomes: no Norte geralmente o doce é chamado de chiacchiere [falatório, em português] ou bugie [mentiras, em português]. No Centro-Sul, por outro lado, o encontramos como "franjas". De todo modo, as receitas são muito parecidas. Aqui na Toscana nós o chamamos de cenci [farrapos, em português], talvez pelo formato irregular e muito fino, igual a um trapo. O segredo para que fiquem crocantes é, de fato, conseguir fazer com que a massa folhada fique o mais fina possível.

Preparo
1 hora

Dificuldade
● ● ● ● ●

Coloque os ovos em um recipiente ou batedeira, adicione o açúcar, a manteiga, a farinha, uma pitada de sal e, por último, o rum. Comece a misturar devagar, acrescentando o Vin Santo pouco a pouco. Misture até obter uma massa homogênea.

Deixe-a descansar por 20 minutos, depois abra a massa com um rolo, formando uma lâmina o mais fina possível.

Agora corte retângulos de cerca de 5 cm x 10 cm com uma faca.

Esquente o óleo em uma frigideira e, quando estiver fervendo, frite os cenci um lado por vez até que adquiram uma consistência levemente crocante e uma cor dourada. Escorra e coloque os triângulos em um papel absorvente para amornarem. Polvilhe ambos os lados com açúcar de confeiteiro.

Ficam ótimos acompanhados de Vin Santo.

Ingredientes para 4 pessoas
- **2** ovos
- **60 g** de açúcar
- **70 g** de manteiga
- **500 g** de farinha branca
- **30 ml** de rum
- **20 ml** de Vin Santo*
- Sal
- Óleo para fritar
- Açúcar de confeiteiro

* Vinho tradicional da Toscana. É um vinho doce, que em geral acompanha sobremesas. Uma sugestão seria usar Vinho do Porto ou Moscatel. (N.E.)

Se estão inchados, estão bons!
Você vai reparar que durante a fritura os cenci vão inchar. Tudo certo, significa que você fez um bom trabalho. Você vai ver como estarão crocantes!

Torrada com patê de fígado toscano

Sei que muita gente não gosta de fígado, mas talvez possa mudar de opinião se provar as minhas torradas com patê finalizadas com um pouco de alcaparras e anchovinhas. É possível servi-las como um aperitivo mais elaborado, porque em grandes quantidades podem ser muito pesadas, embora quando eu as prepare acabe comendo um prato inteiro.

Preparo
1 hora

Dificuldade
● ● ○ ○ ○

Prepare o caldo de galinha dissolvendo meio cubinho em 300 ml de água fervente.

Limpe a cenoura e pique em pedacinhos de cerca de 3 cm de espessura. Faça o mesmo com o salsão. Pique também a cebola depois de remover as camadas mais externas.

Esquente um copo de azeite em uma frigideira, acrescente as verduras picadas e deixe refogar um pouco. Adicione o fígado de frango (depois de lavado), o sal e a pimenta e misture tudo.

Cozinhe por cerca de 15 minutos e depois adicione o extrato de tomate, a manteiga, as anchovas e as alcaparras. Se quiser, reserve algumas alcaparras para decorar as torradas.

Agora, complete com um pouco do caldo, com cuidado para não virar tudo — a ideia aqui é dar ao patê a consistência ideal, nem muito sólida nem muito líquida. Lembre-se de que ele será passado nas torradas.

Ingredientes para 4 pessoas
- **250 g** de fígado de frango
- **30 g** de extrato de tomate
- **25 g** de alcaparras
- **4** filetes de anchova
- **1** cenoura
- **1** salsão
- **1** cebola
- **30 g** de manteiga
- **500 g** de pão
- **1/2** cubo para caldo de galinha
- **1** copo de azeite de oliva extravirgem
- Sal
- Pimenta-do-reino

Bata tudo ainda quente até obter uma pasta homogênea.

Corte o pão em fatias e, em uma frigideira (ou no forno), aqueça até que fiquem crocantes. Passe o patê de fígado nas fatias ainda quentes e sirva. Acompanhadas de um copo de vinho tinto, *ficam perfeitas*.

Biscoitinho de massa de amêndoa

Se você tem o hábito de tomar um chá no meio da tarde no inverno ou precisa receber uma visita, aqui está uma ótima ideia para mimá-la: os clássicos biscoitinhos de massa de amêndoa — ótimos para acompanhar um chá — com uma gota de geleia no topo. O preparo é muito rápido. Basta deixar tudo pronto na noite anterior para que eles possam descansar e levá-los ao forno no dia seguinte.

Preparo
30 minutos

Descanso
10 horas

Forno
12-15 minutos

Dificuldade
● ● ○ ○ ○

Comece misturando a farinha de amêndoas com o açúcar. Caso você não tenha acesso a farinha de amêndoas, basta triturá-las sem casca até obter a textura desejada.

Em outro recipiente, bata as claras por 2 minutos. Quando elas se transformarem em uma espuma, junte aos ingredientes secos e misture tudo muito bem. Caso a mistura esteja muito densa, você pode adicionar mais uma clara batida.

Junte as raspas de limão e continue misturando.

Coloque tudo em um saco de confeitar com o bico em formato de estrela de 10 mm a 12 mm. Forre uma forma com papel-manteiga e com o saco de confeitar faça pequenos montinhos com a massa de mais ou menos 3 cm de diâmetro e 2 cm de altura, mantendo uma certa distância entre um e outro. No topo de cada um, coloque um pouquinho de

Ingredientes para 12 biscoitos
- **170 g** de farinha de amêndoa
- **120 g** de açúcar
- **2-3** claras
- Geleia de damasco
- Raspas de limão

geleia de damasco, cerca de meia colher de chá, com cuidado para que não escorra pela borda do biscoitinho. Leve a forma à geladeira por pelo menos dez horas.

Após esse período, leve a forma ao forno preaquecido a 180 °C por 12 a 15 minutos. Os biscoitos não podem dourar muito, precisam tender mais para o pálido. Deixe esfriar antes de servi-los.

E a cerejinha por cima, não?

Como uma alternativa à gota de geleia, é possível colocar no topo de cada biscoitinho uma cereja cristalizada polvilhada com açúcar de confeiteiro.

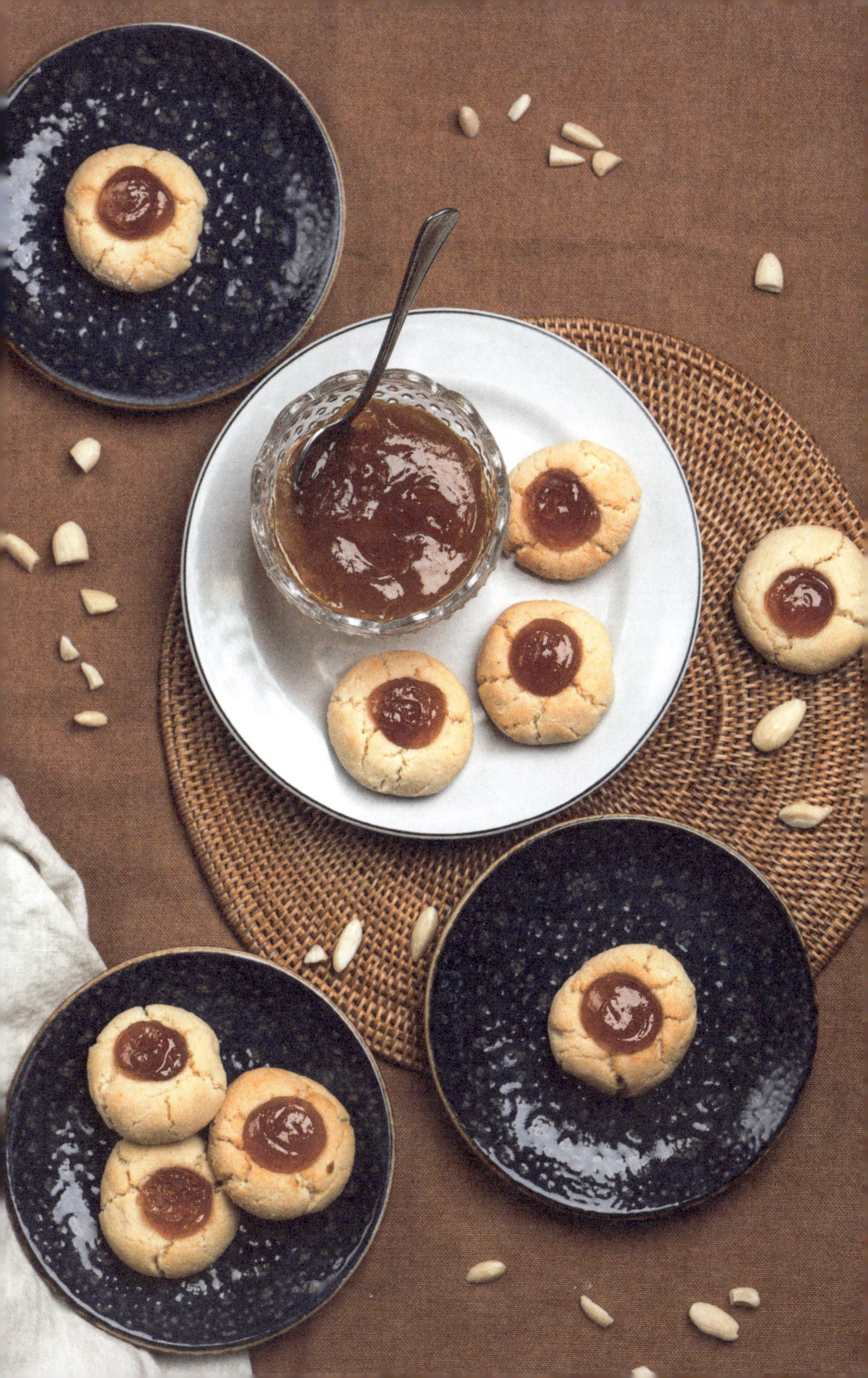

Minipizza para crianças

Quantas vezes me aconteceu de ter que inventar um lanchinho gostoso para os amiguinhos de Simone e Gabriele, que invadiam a minha casa de repente? Uma receita que dava sempre certo eram as minipizzas. São saudáveis porque são feitas em casa, rápidas de preparar e agradam a todos, até aos mais exigentes. É possível recheá-las tanto com tomate e muçarela como também experimentar acrescentar outros ingredientes. São tão deliciosas que as crianças devoram tudo, mesmo as com legumes!

Preparo
1 hora

Descanso
30 minutos

Forno
20 minutos

Dificuldade
● ● ○ ○ ○

Em uma vasilha, coloque a farinha, o fermento, cerca de 300 ml de água fria e comece a misturar tudo muito bem. Em seguida, adicione o sal e o açúcar e siga misturando. Acrescente também o azeite e misture de 10 a 15 minutos — até obter uma massa homogênea.

Faça bolinhas de mais ou menos vinte gramas com a massa e deixe que descansem por 30 minutos cobertas com plástico filme.

Com os dedos, crie uma depressão no meio de cada minipizza e preencha com molho de tomate.

Coloque-as em uma forma forrada com papel-manteiga e asse a 180 °C, em forno preaquecido, por 10 minutos. Depois as retire, espalhe a muçarela em pedacinhos por cima e leve de volta ao forno por mais 10 minutos.

Se você gostar, também pode colocar uma folha de manjericão.

Ingredientes para 4 pessoas (cerca de 8 minipizzas)

- **500 g** de farinha branca
- **12 g** de fermento biológico seco
- **12 g** de sal
- **5 g** de açúcar
- **250 g** de muçarela
- Molho de tomate a gosto
- 8 folhas de manjericão
- 3 colheres de sopa de azeite de oliva extravirgem

Para uma muçarela impecável

Se você for usar muçarela fresca, quando a colocar no forno ela poderá soltar muito leite e encharcar demais a massa das pizzinhas. Para que isso não aconteça, deixe a muçarela escorrendo por duas horas em um escorredor de macarrão e, antes de usá-la, a esprema com as mãos.

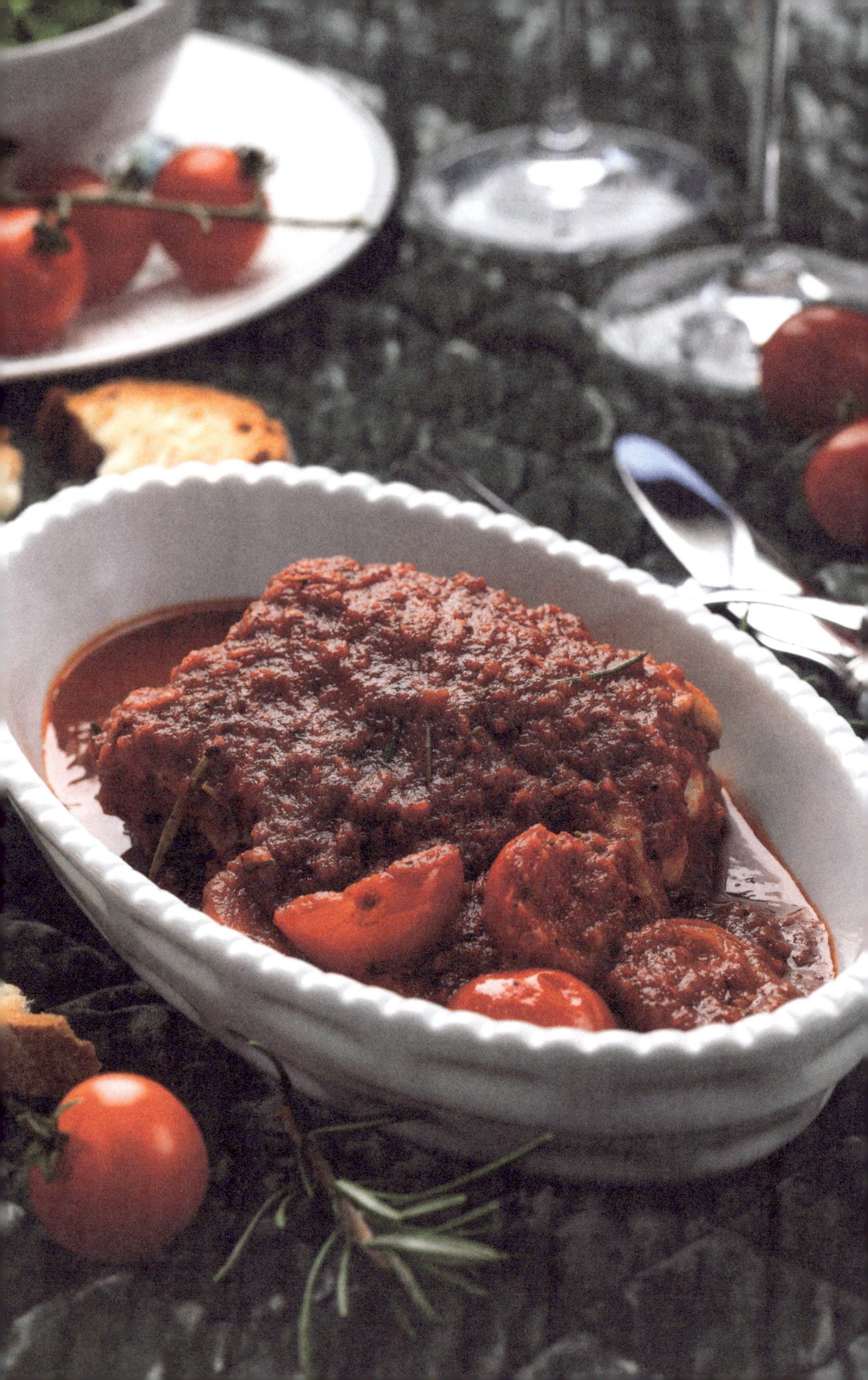

Frango à caçadora

Na minha mesa de domingo nunca deixo faltar o frango à caçadora. Sei que cada família tem a própria receita. Alguns também colocam, além da cebola, salsão e cenoura, outros adicionam caldo durante o cozimento. Eu, pessoalmente, deixo o frango refogar, adiciono o vinho e o cozinho na polpa de tomate. Simples que só, mas delicioso!

Preparo
50 minutos

Dificuldade
● ● ○ ○ ○

Comece picando a cebola. Depois higienize o frango.

Esquente o azeite extravirgem em uma frigideira grande e adicione a cebola picada e o alecrim. Quando a cebola começar a dourar, coloque o frango na frigideira junto das folhas de louro inteiras e lavadas. Quando a carne estiver bem douradinha por fora (serão necessários mais ou menos 10 minutos), despeje o vinho tinto e deixe que evapore. Depois que o vinho evaporar, coloque a polpa de tomate, o sal e a pimenta.

Misture, tampe e deixe cozinhar em fogo médio-baixo por 35 minutos. Se secar muito, complete com um pouco de água. Sirva bem quente.

Ingredientes para 4 pessoas
- **1,5 kg** de frango em pedaços
- **1** cebola
- **120 ml** de vinho tinto
- **1** raminho de alecrim
- **2-3** folhas de louro
- **450 g** de polpa de tomate
- **2** colheres de sopa de azeite de oliva extravirgem
- Sal
- Pimenta-do-reino

Tomate recheado com legumes ao parmesão

Como são bons os tomates recheados no verão, quando estão bem maduros e saborosos! Os clássicos são com arroz, mas eu gosto muito da versão com legumes da estação: berinjela, abobrinha e pimentão. Aqui calculei dois tomates por pessoa, mas a quantidade depende de como você quiser servir: como entrada, mistura, acompanhamento ou até mesmo como uma refeição para levar à praia.

Preparo
45 minutos

Forno
30 minutos

Dificuldade
● ● ● ○ ○

Lave bem os tomates e depois corte uma "tampa", de modo a fazer um furo por onde você poderá colocar o recheio.

Remova a polpa com a ajuda de uma colher e coloque em uma vasilha. Tempere o interior dos tomates com algumas gotas de azeite, uma pitada de sal e uma pitadinha de pimenta. Deixe que o tempero seja absorvido por 10 minutos.

Enquanto isso se dedique ao recheio. Lave e limpe os legumes, removendo as sementes e os talos, depois pique em cubos pequenos. Coloque uma colher de azeite em uma frigideira. Quando estiver quente, despeje a polpa de tomate que você reservou antes e refogue por um minuto, depois acrescente os cubinhos de legumes e salteie em fogo médio por 5 minutos.

Ajeite os tomates em uma forma forrada com papel-manteiga e os recheie com os legumes, pressionando-os o máximo possível.

Ingredientes para 4 pessoas
- 8 tomates para salada redondos
- 1 pimentão amarelo
- 1 pimentão vermelho
- 1 abobrinha
- 1 berinjela
- Azeite de oliva extravirgem
- Parmesão ralado
- Sal
- Pimenta-do-reino

Salpique o parmesão ralado por cima de todos os tomates e leve ao forno preaquecido a 180 °C por cerca de 30 minutos.

Schiacciata toscano

Quando ainda não existia o forno elétrico doméstico e tudo era feito no forno a lenha, a schiacciata era uma massa achatada — justamente — enfornada para checar se o forno tinha atingido a temperatura necessária para assar o pão. A schiacciata, por isso, é tradicionalmente baixa para facilitar o cozimento e tem sobre sua superfície as marcas dos dedos pressionados sobre a massa para criar pequenas fossas onde o sal e o azeite do tempero irão se depositar.

Preparo
2 horas

Forno
20 minutos

Dificuldade
● ● ● ● ○

Em uma vasilha ou batedeira, misture a farinha e o sal, depois adicione 300 ml de água e a levedura. Misture tudo até que a massa fique elástica e deixe-a descansar por 30 minutos coberta com plástico filme.

Abra a massa em uma tábua enfarinhada e amasse novamente. Em seguida, deixe-a descansar por mais 30 minutos coberta.

Vamos para as dobras. Abra a massa em um formato retangular, fazendo tudo à mão. Imagine agora que o seu retângulo esteja dividido em três retângulos menores. Dobre o primeiro retângulo por cima do segundo e em seguida o terceiro por cima dos dois primeiros. No final você irá obter um retângulo composto pela sobreposição dos três anteriores. Dobre a massa ao meio mais uma vez.

Repita o processo de amassar e dobrar três vezes, depois deixe a massa descansar por mais 30 minutos.

Forre uma forma de 30 cm x 40 cm com papel-manteiga e espalhe azeite e sal. Coloque

Ingredientes para uma forma de 30 cm x 40 cm

- **300 ml** de água
- **500 g** de farinha branca
- **20 g** de sal
- **5 g** de levedura de cerveja
- Azeite de oliva extravirgem
- Alecrim

a massa na forma e a estique com a ponta dos dedos, esticando o máximo possível.

Cubra a superfície da massa com um pouco de azeite e de sal, adicione o alecrim e leve ao forno preaquecido a 180 °C por cerca de 20 minutos ou até que a superfície fique dourada.

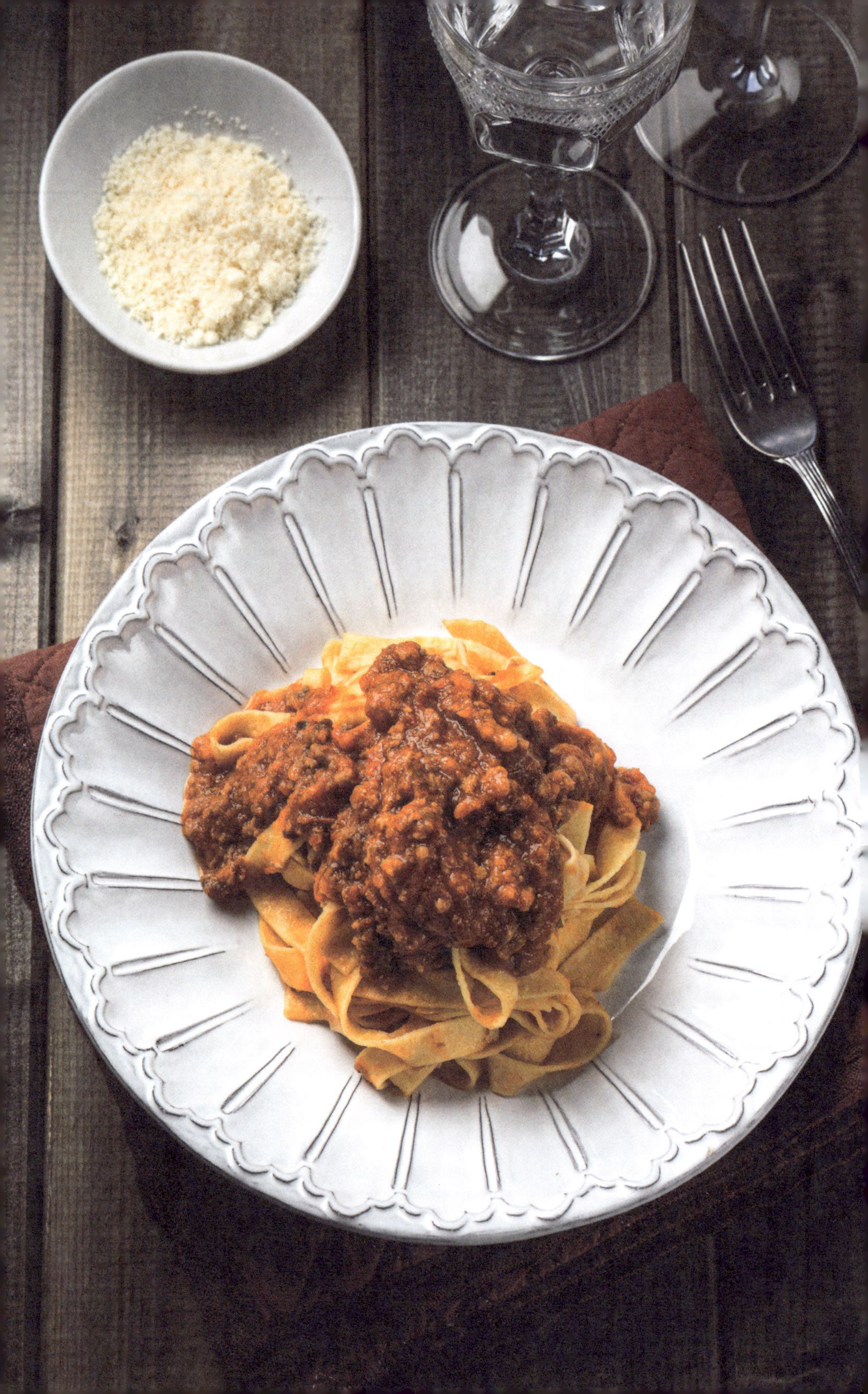

Tagliatelle feito em casa com o meu ragu

O tagliatelle com ragu é um prato clássico transmitido de geração em geração em todas as famílias. Eu aprendi a fazê-lo com a minha mãe, Romolina, mas com o passar do tempo modifiquei um pouco a receita. Ela colocava mais legumes, porque a carne naquela época era muito cara. O tempo de preparo do tagliatelle e do molho é longo, porém existem muitos períodos ociosos. O ragu precisa cozinhar por pelo menos três horas, por isso você pode começar por ele e, enquanto ele cozinha, preparar a massa. Afinal, quem quer coisas boas, precisa fazê-las!

Preparo
4 horas

Dificuldade
● ● ● ● ●

Pique a cenoura (depois de limpa), o salsão e a cebola em pedacinhos bem pequenos. Coloque tudo com azeite em uma frigideira espaçosa e refogue. Adicione sal a gosto e misture.

Acrescente a carne moída e a deixe dourar. Quando estiver bem douradinha, acrescente o vinho tinto e cozinhe até que ele reduza. Quando o vinho tiver evaporado, adicione a passata de tomate. Cozinhe tudo em fogo baixo por pelo menos três horas. Se for preciso, pode acrescentar um pouco de água no ragu – ou mais molho, para que ele não fique muito aguado.

Enquanto isso, dedique-se ao tagliatelle. Em uma bancada, coloque a farinha e abra uma cavidade no centro, como um vulcão, para os ovos. Adicione então os ovos e uma

Ingredientes para 4 pessoas

Para o tagliatelle:
- **4** ovos
- **400 g** de farinha branca
- Sal

Para o ragu:
- **220 g** de carne bovina moída
- **250 g** de passata de tomate
- **80 ml** de vinho tinto
- **1** cenoura
- **1/2** salsão
- **1** cebola
- **40 g** de azeite de oliva extravirgem
- Sal

pitadinha de sal refinado. Comece a misturar com a ajuda de um garfo. Incorpore a farinha de forma gradual, iniciando com a parte mais próxima dos ovos e pouco a pouco partindo para a que está mais afastada. Quando a massa estiver bem consistente, pode continuar com as mãos.

Quando os ovos e a farinha estiverem completamente misturados, forme um pãozinho com a massa e deixe-a descansar por uns trinta minutos, de preferência em uma vasilha fechada com plástico filme, de modo que a massa não resseque muito.

Passado o tempo de descanso, coloque o pãozinho sobre uma tábua polvilhada com farinha. Abra a massa com um rolo, procurando obter uma espessura fina (de 1 mm a 2 mm) e o mais uniforme possível para evitar que ela se quebre. Tente deixar a massa em um formato retangular, de 20 cm a 25 cm mais ou menos, para que o tagliatelle fique comprido.

Agora, dobre a massa sobre si mesma: dobre um dos lados maiores até o meio, depois faça o mesmo com o outro lado maior. Por fim, dobre a massa obtida ao meio. No final você deverá ter uma massa em quatro camadas, com cerca de 5 cm de largura. Agora "fatie" a massa de modo a obter tiras de 1 cm a 2 cm de largura.

Por último, abra as tiras para evitar que grudem umas nas outras e deixe o tagliatelle descansar disposto em uma superfície por 10 minutos.

Ferva o tagliatelle em água salgada por poucos minutos, depois adicione o ragu em abundância e leve para a mesa logo em seguida.

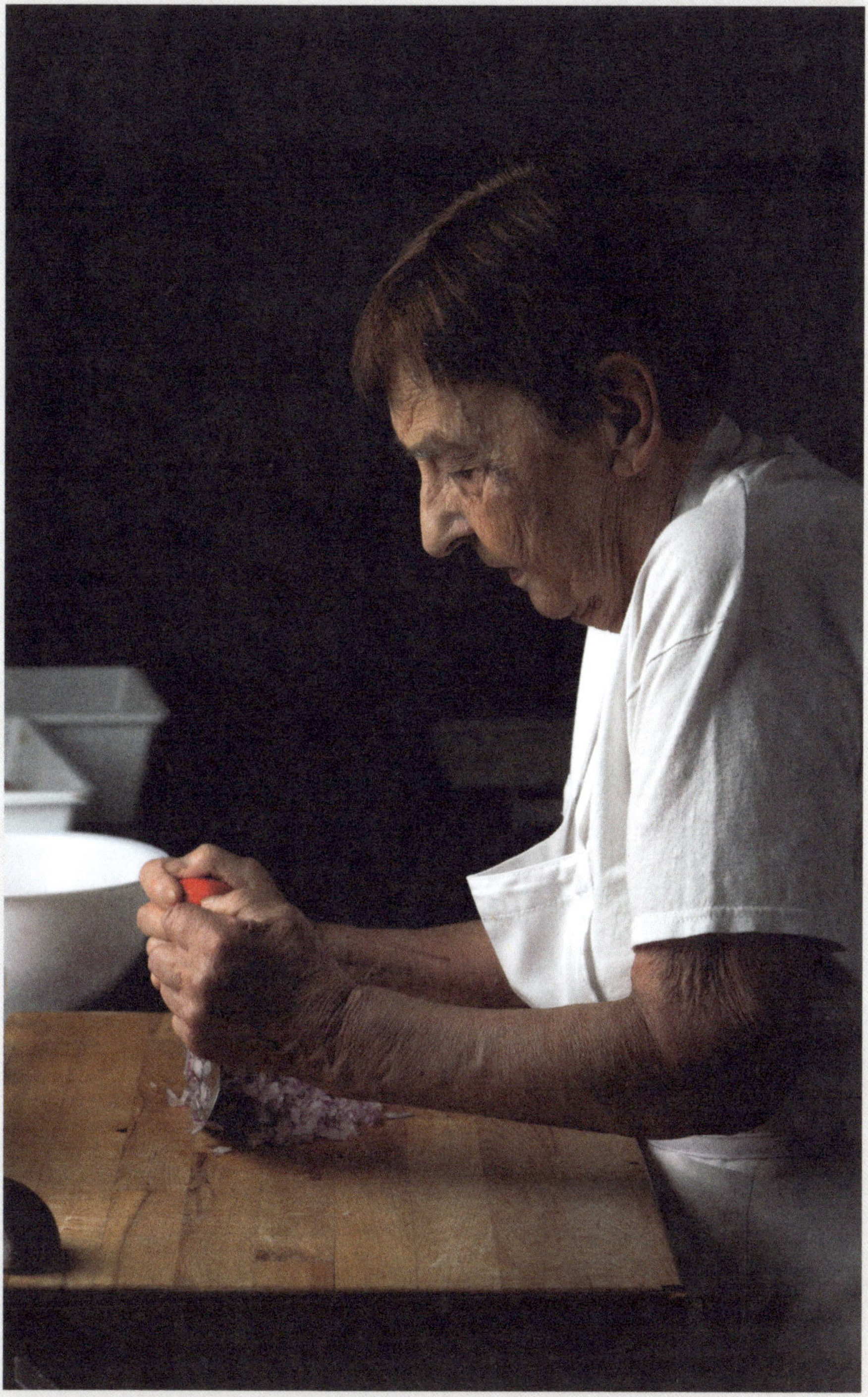

Zuccotto

O zuccotto florentino é um doce que aprendi com o tempo, porque não é barato nem simples de se preparar. Por isso é feito especialmente em dias de festa, quando a gente precisa de alguma coisa especial. Parece que ele foi inventado por Bernardo Buontalenti, arquiteto de Cosme I de Médici, em homenagem à Catarina de Médici, esposa do rei da França, Henrique II. Para conferir a forma arredondada ao doce, Buontalenti forrou um capacete da infantaria florentina – precisamente o zuccotto – com pão de ló.

Preparo
1 hora

Forno
20-25 minutos

Descanso
5 horas

Dificuldade
● ● ● ● ○

Bata os ovos e o açúcar por 10 minutos na batedeira, ou por cerca de 15 minutos à mão. Nesse meio-tempo, adicione aos poucos a farinha, a fécula e uma pitada de sal e misture até obter uma massa consistente e sem pelotas.

Despeje a mistura em uma forma, espalhando bem, e asse de 20 a 25 minutos a 170 °C em forno preaquecido. Depois retire do forno e deixe esfriar.

Enquanto isso, em um recipiente, misture bem a ricota e o açúcar. Bata o creme de leite com uma batedeira elétrica em um outro recipiente e acrescente a ricota, misturando de baixo para cima. Adicione o cacau e as gotas de chocolate e mexa delicadamente, sempre de baixo para cima. Coloque a mistura obtida em um saco de confeitar.

Corte o pão de ló em tiras de cerca de 3 cm de espessura e use dois terços dele para forrar uma vasilha. Procure cobrir toda a superfície

Ingredientes para 4 pessoas

Para o pão de ló:
- **6 ovos** médios
- **180 g** de açúcar
- **80 g** de farinha branca
- **70 g** de fécula de batata
- Sal

Para o creme:
- **500 g** de ricota
- **130 g** de creme de leite
- **60 g** de açúcar
- **20 g** de cacau em pó
- **50 g** de gotas de chocolate
- **100 ml** de alquermes (pode ser substituído por rum ou marasquino)

Para decorar:
- Açúcar de confeiteiro
- Cacau em pó

interna dela. Em seguida, molhe a superfície do pão de ló com metade do licor. Despeje o creme dentro até chegar às bordas do pão de ló e feche tudo com as tiras que sobraram. Com uma faca, corte o pão de ló em excesso, contornando as bordas da vasilha.

Dê mais uma pincelada de licor naquela que será a base do doce.

Cubra tudo com plástico filme e leve à geladeira por cinco horas. Passado o tempo de descanso, vire a vasilha com muita delicadeza em um prato. Polvilhe cacau e açúcar de confeiteiro a gosto.

3.
A arte de recomeçar

Os problemas começaram quando Giovanni enfiou na cabeça que queria vender a empresa de frangos. Após vinte anos fazendo aquele trabalho, ele estava cansado. "Quero fazer outra coisa", dizia. Eu sabia que ele tinha um espírito inquieto, sempre se atraía por novos projetos – e de fato, havia sido sua intuição que nos levara até ali –, mas agora parecia que ele estava jogando todo o nosso trabalho para o alto.

"Mas como assim?", eu dizia a ele. "Os clientes não param de aumentar e você quer vender só porque 'não tem mais vontade'?" Do meu ponto de vista, aquela empresa que tínhamos feito prosperar com tanto empenho era o que permitia criarmos nossos filhos, e um dia poderia também dar um trabalho a eles. Vender e arriscar-se em novas atividades era um risco que eu não queria correr, não via o porquê. Para mim, a gente estava muito bem daquele jeito.

No fim, a empresa foi vendida com todos os maquinários, as propriedades e os caminhões. Escrevi "vendida", mas talvez fosse melhor escrever "dada", porque na minha opinião o preço foi muito baixo. Mas Giovanni já tinha tomado sua decisão e tinha pressa em se desfazer da empresa. E tudo o que havíamos construído juntos em vinte anos se foi, simples assim.

Nossos caminhos, inevitavelmente, se separaram. **"Nós nos amamos", dissemos, olhando no fundo dos olhos um do outro em um momento de sinceridade, "mas cada um na sua casa".** Aquilo não foi um adeus, apenas o reconhecimento de que estávamos seguindo por caminhos diferentes. Existia o afeto, existia a estima, mas isso já não era mais suficiente, porque não tínhamos mais um objetivo comum que nos unisse.

Precisamos de tempo para refletir sobre como recomeçar as nossas vidas. Giovanni continuou a viver conosco por um período. No fim, nos separamos. Naquele tempo era preciso estar separado por cinco anos antes de poder se divorciar. Ele continuou na nossa casa de família, enquanto eu, com Marco e Simona, me mudei para a fazenda que tínhamos comprado.

A fazenda era um empreendimento ainda a ser construído, mas aquilo não me dava medo. Eu era uma mulher sozinha, mãe de dois filhos, mas dirigindo um trator. A cena, tenho que admitir, podia parecer estranha — e era mesmo. Cresci em uma época, nas décadas de 1940 e 1950, na qual as mulheres não estavam destinadas a ter um papel de responsabilidade no trabalho, quanto mais serem empreendedoras. Tínhamos sido educadas sobre economia doméstica, bordado, cozinha, sobre tudo o que era necessário para sermos donas de casa perfeitas.

Tirei minha carteira de motorista aos 21 anos, que na época era a idade mínima para isso, mas muitas mulheres não dirigiam, porque não se esperava que uma mulher andasse por aí sozinha. Para ir aonde? As compras eram feitas nas vendas do bairro ou então na igreja. Fim da história. As poucas que emergiam o faziam graças a uma enorme força de vontade e frequentemente lutavam contra estereótipos e julgamentos das pessoas. **"Deixa disso", diziam-me. "No que você está se metendo, sem um marido? Empreender é coisa de homem."** Na década de 1980 as coisas começaram a mudar, mas devagar, e no interior, como se sabe, as novidades sempre chegam mais tarde.

Além disso, eu era separada, em uma época na qual o divórcio era uma conquista relativamente recente. Na Itália o divórcio só passou a existir em 1970 — e muitos eram contra. Tanto que em 1974 aconteceu um referendo que queria anular a lei que autorizava o divórcio. Lembro de toda a campanha em torno da votação, os personagens públicos que se manifestaram a favor do divórcio: Nino Manfredi, Gigi Proietti... Gianni Morandi e a sua primeira mulher, Laura Efrikian, chegaram até a fazer um comercial. Nele os dois estavam na sala da casa com os filhos enquanto explicavam que, se uma família não está feliz, é justo que possa se divorciar, para o bem dos cônjuges e dos próprios filhos. E de fato, alguns anos depois eles também se separaram. A lei do divórcio continuou em vigor, mas se divorciar ainda era uma coisa estranha, e muitos escolhiam continuar juntos apesar dos desacordos, muitas vezes "pelo bem dos filhos" — ou por medo dos boatos.

Quanto a mim, eu me sentia perfeitamente capaz de fundar e dirigir uma empresa, e de o fazer tão bem quanto faria um homem. Se no Reino Unido Margaret Thatcher havia se tornado primeira-ministra, eu também era capaz.

Não era a primeira vez que eu me confrontava com as expectativas que as pessoas tinham de mim enquanto mulher. Mesmo quando contratei uma babá para Marco e Simona, para ajudar meu marido com a empresa, teve gente que me criticou.

Na minha fazenda, arregacei as mangas sem pensar duas vezes. Eu sabia aonde queria chegar e sabia que com força de vontade atingiria a minha meta. Queria que a fazenda desse frutos, mas também queria conservá-la o máximo possível para que mantivesse o seu valor — caso decidisse vendê-la no futuro.

Eu passava os dias arando os campos e preparando o terreno para a colheita, com a ajuda de alguns empregados. Quando chegava o momento de colher as uvas e as azeitonas, Marco e Simona, que já estavam crescidos, me davam uma mão.

Coisas para fazer não faltavam. Eu me ocupava com a uva quase o ano todo. Primeiro de tudo, foi preciso traçar as fileiras. Em seguida, depois de plantadas as videiras, foram necessários alguns anos para que as plantas se fortalecessem o bastante para darem frutos.

Caso você não seja um entendido de uva, a preparação do vinho é um processo longo, do qual a colheita e a fermentação

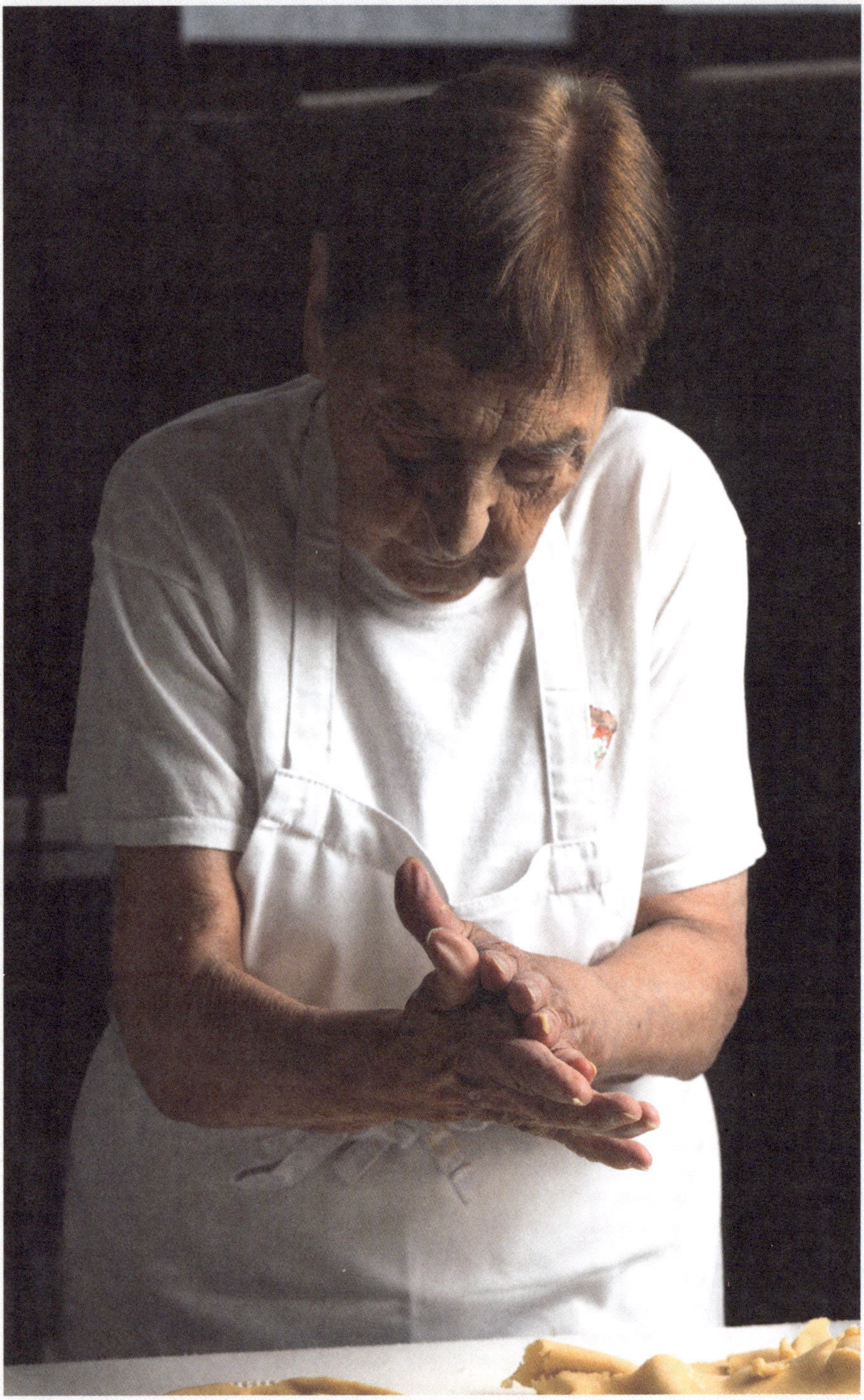

são apenas a parte final. É preciso deixar o terreno livre de ervas daninhas, que roubam nutrientes das plantas, podar as videiras e prender bem os galhos para que não quebrem com o peso dos cachos. E depois é preciso torcer para que faça bom tempo: a água precisa ser suficiente, mas não demais, senão o vinho ficará aguado. O mesmo vale para o sol, porque é disso que depende a concentração de açúcar nos bagos de uva — e, por consequência, seu teor alcoólico.

No fim do verão, finalmente chega a hora da colheita da uva. É um momento solene, porque é ali que vemos se o trabalho dos meses anteriores serviu de alguma coisa. Nas regiões com uma economia agrícola forte, como Montespertoli, a colheita é um ritual que envolve toda a comunidade. Os tratores ficam por todos os lados, cheios de ânforas de uva, e a expectativa sobre a quantidade e a qualidade do vinho da estação atual é um dos principais temas das conversas, porque todo o lucro dos vinicultores depende disso. O mesmo vale para o azeite, cuja colheita ocorre entre setembro e dezembro.

Na nossa fazenda, através da coloração e do teor de açúcar, sabíamos se a uva estava pronta — e então fazíamos a colheita à mão. Era um trabalho muito cansativo: ficávamos de pé o dia todo sob o sol do fim de agosto arrancando os cachos com delicadeza e os colocando nas caixas no chão. Quando a caixa enchia, a esvaziávamos em grandes tambores que ficavam localizados nas extremidades das fileiras e depois eram colocados nos tratores. Eu era aquela que, quando o trator estava cheio, dirigia-o até a adega para a vinificação e voltava para o campo, onde os trabalhadores o carregavam de novo. Era um grande vai e vem. Hoje em dia é um pouco diferente, mas também menos prazeroso: existem muito mais maquinários, e alguém inclusive teve a ideia de fazer a colheita à noite. Na adega, despejávamos as uvas nos tanques, onde eram esmagadas para a obtenção do mosto. Ali se iniciava o processo de vinificação, com a fermentação e o envelhecimento nos nossos tonéis. Por fim, a gente engarrafava o vinho e vendia.

Passados cinco anos da separação de Giovanni, era chegada a hora de colocar um ponto final e recomeçar. A gente se divorciou. A separação tinha sido uma fase transitória, que serviu para que a gente se acostumasse com as nossas novas vidas, mas então sentimos a necessidade de nos desapegar.

A própria fazenda, de certo modo, fez parte dessa transição. Eu sentia que não podia continuar com aquilo para sempre, por isso, quando um primo de Giovanni, Vasco, me contou sobre sua empresa de bordado, prestei bastante atenção.

Ele falou que recebia muitos pedidos e precisava de alguém que o ajudasse. O trabalho consistia em fazer os desenhos encomendados nos tecidos que os próprios clientes davam. Eu poderia fazer tudo de casa. Aceitei.

Vendi uma parte da fazenda e passei a me dedicar por completo a essa nova atividade – que me garantia um sustento maior e mais estável. Pelo menos eu não iria ficar tremendo toda vez que chegasse uma geada ou um temporal, por medo de perder o trabalho de um ano inteiro.

Vasco me trazia as encomendas e eu preparava tudo. Simona me ajudava – juntas éramos rápidas e conseguíamos dar vazão a uma boa quantidade de pedidos. Já Marco encontrou um outro trabalho.

Mas as coisas no setor têxtil estavam mudando e o bordado à mão era cada vez menos difundido. Naquela altura já era feito com maquinários específicos que operavam com rapidez e precisão. Continuar trabalhando à mão já não era mais possível – nem mesmo uma "Romolina" conseguiria competir com uma máquina. Assim, decidi dar um grande passo: por 20 milhões de liras comprei um maquinário usado para bordado. Um negócio do qual tenho bastante orgulho, considerando que naquele tempo os preços médios para instrumentos daquele tipo eram bem mais altos. Coloquei o maquinário no centro de uma sala bem grande de casa, como um troféu.

Contudo, para reproduzir os desenhos nos tecidos, primeiro era preciso colocá-los em uma bobina que era inserida no maquinário. E, para criar essa bobina, era necessário um instrumento específico que eu não possuía, por isso tinha que ir com frequência até Quarrata, a trinta quilômetros de Montespertoli. Então eu voltava para casa com a bobina, colocava-a no meu maquinário para o bordado e seguia trabalhando até tarde da noite.

As coisas correram bem por um tempo, depois passou a chegar cada vez menos trabalho. Nesse ínterim, Simona havia aberto o próprio negócio, uma loja de artigos gerais em Empoli, e fora substituída por dois empregados. Mas as receitas para pagar os salários não paravam de diminuir, e parecia não haver alternativa a não ser pedir falência.

Não perdi as esperanças: me pendurei no telefone e liguei eu mesma para dezenas de empresas, sem ficar esperando pelas encomendas de Vasco. Foi a atitude certa: recebi muitos novos pedidos e o negócio renasceu, tanto que passados poucos meses comprei mais um maquinário. Dessa vez foi um de primeira categoria, um Barudan, uma máquina japonesa que, além de bordar, também fazia os desenhos. Eu já não precisava ir até Quarrata, finalmente tinha me tornado completamente autônoma.

A chegada do Barudan trouxe de volta para casa meu filho Marco, que nesse período havia começado a gerenciar um bar. O maquinário era perfeito, mas ao mesmo tempo muito sofisticado, e eu de tecnologia não entendia muito — precisava de um técnico. Esse técnico era o Marco. Ele largou o bar e ficou encarregado de preparar os desenhos no computador da máquina. E, quando era preciso fazer um reparo, era ele quem cuidava de tudo. Não era sua profissão, mas ele, assim como a mãe, não se desencoraja facilmente: mune-se de paciência e aprende o que precisa aprender.

Naquele período aconteceu uma reviravolta: uma companhia de Calenzano nos deu tanto trabalho que compramos mais maquinários e a casa virou, de fato, uma fábrica de bordado. De qualquer forma, não precisávamos de camas, porque não as usávamos. Entre preparar os desenhos, bordar e entregar os produtos finalizados, trabalhávamos dia e noite.

Mas já estávamos na década de 1990 e o mercado têxtil foi atingido por uma mudança colossal: em vez de se atualizarem e investirem em inovação, muitas empresas transferiram a fabricação para o exterior, onde os custos de produção eram menores. O que importava se muitas vezes produziam pagando salários irrisórios e sem respeitar as normas de segurança? Conseguiam fornecer bordados, até que de ótima qualidade, a preços baixíssimos. Nem mesmo com maquinários mais avançados eu teria sido capaz de aguentar o golpe. Foi simplesmente o fim do bordado artesanal. O símbolo nacional dessa crise foi Prato, mas na verdade muitos negócios de família precisaram fechar em toda a Itália, principalmente no Norte.

Era o momento de mudar. De novo.

As receitas

Biscoito para crianças

Certa vez uma cliente pediu para eu fazer biscoitos para os seus filhos, que não gostavam daqueles industrializados. Então eu criei esta receita, muito simples e rápida de fazer — mesmo em casa. Os pequenos adoraram. Tente você também, tenho certeza de que seus filhos vão notar a diferença em comparação aos biscoitos comprados no mercado! Se quiser, vocês podem inclusive fazer esta receita juntos, como um passatempo — é tão fácil que não tem risco de virar uma confusão.

Preparo
20 minutos

Descanso
1 hora

Forno
10 minutos

Dificuldade
● ○ ○ ○ ○

Misture o leite e a manteiga em uma batedeira, depois acrescente o açúcar, o fermento e a farinha. Continue misturando tudo até obter uma bolinha de massa. Cubra com plástico filme e coloque para descansar na geladeira por cerca de uma hora.

Depois que a bolinha esfriar, abra-a com um rolo de massa. Quando ela estiver com cerca de 0,5 cm de espessura, corte os biscoitos no formato que preferir. Se quiser, você também pode usar cortadores de biscoito.

Leve ao forno por 10 minutos a 180 °C.

Ingredientes para 8 biscoitos

- 120 g de açúcar branco
- 10 g de fermento
- 100 ml de leite integral
- 100 g de manteiga
- 250 g de farinha branca

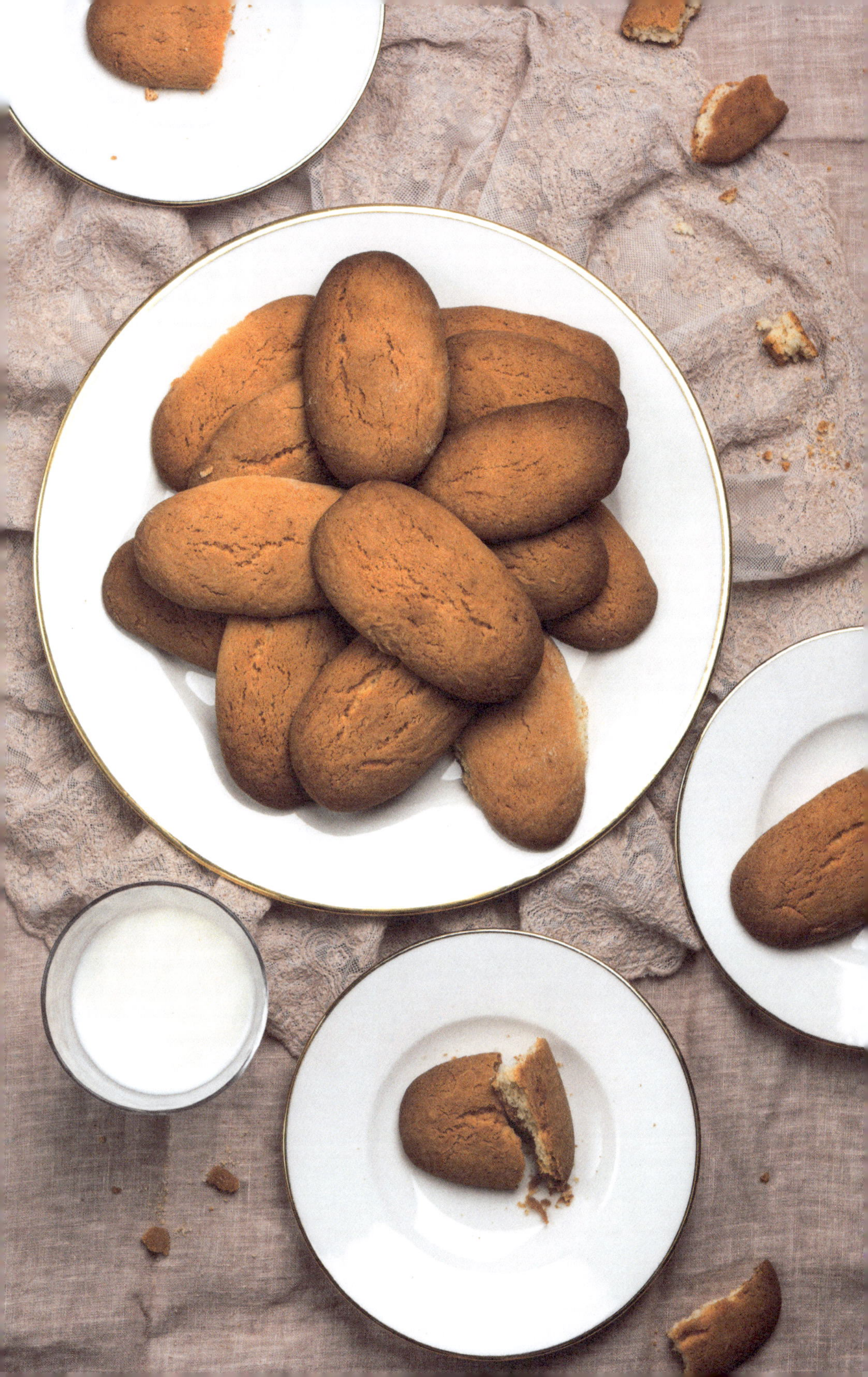

Bolo de ovo de Páscoa

Se tem uma coisa que a vida me ensinou é que na cozinha tudo é reutilizável. Eu inventei esta receita para acabar com os restos dos muitos ovos de chocolate que Gabriele e Simone ganhavam na Páscoa e não podiam comer por inteiro (por mais que eles quisessem). Desse modo, fiz com eles um doce bem gostoso para o café da manhã, um ótimo mimo para começar o dia.

Preparo
40 minutos

Forno
20 minutos

Dificuldade
● ● ○ ○ ○

E m uma cumbuca, coloque os dois ovos e adicione o açúcar, a farinha, o leite, o óleo, o fermento e as raspas de laranja. Misture até que a massa fique uniforme. Despeje tudo em uma forma de bolo (caso não tenha uma, também serve uma forma para doces). Você pode untar a forma com manteiga, assim será mais fácil desenformar o bolo quando ele estiver assado.

Quebre o ovo de chocolate em pedacinhos não muito pequenos, de 3 cm a 4 cm, e os adicione na superfície da massa ainda crua.

Leve ao forno preaquecido a 180 °C por 20 minutos.

Depois que esfriar, polvilhe açúcar de confeiteiro por cima.

Ingredientes para 4 pessoas
- **2** ovos
- **200 g** de açúcar
- **200 g** de farinha branca
- **150 ml** de leite integral
- **4** colheres de sopa de óleo de sementes
- **8 g** de fermento
- Raspas da casca de **1** laranja
- **1** ovo de Páscoa médio
- Manteiga
- Açúcar de confeiteiro

Outras versões para os meus netos gulosos

Em vez de colocar o ovo de chocolate na massa, você pode derretê-lo e depois despejar o chocolate líquido por cima quando o bolo estiver pronto. O resultado vai ser coisa de filme, de dar água na boca.

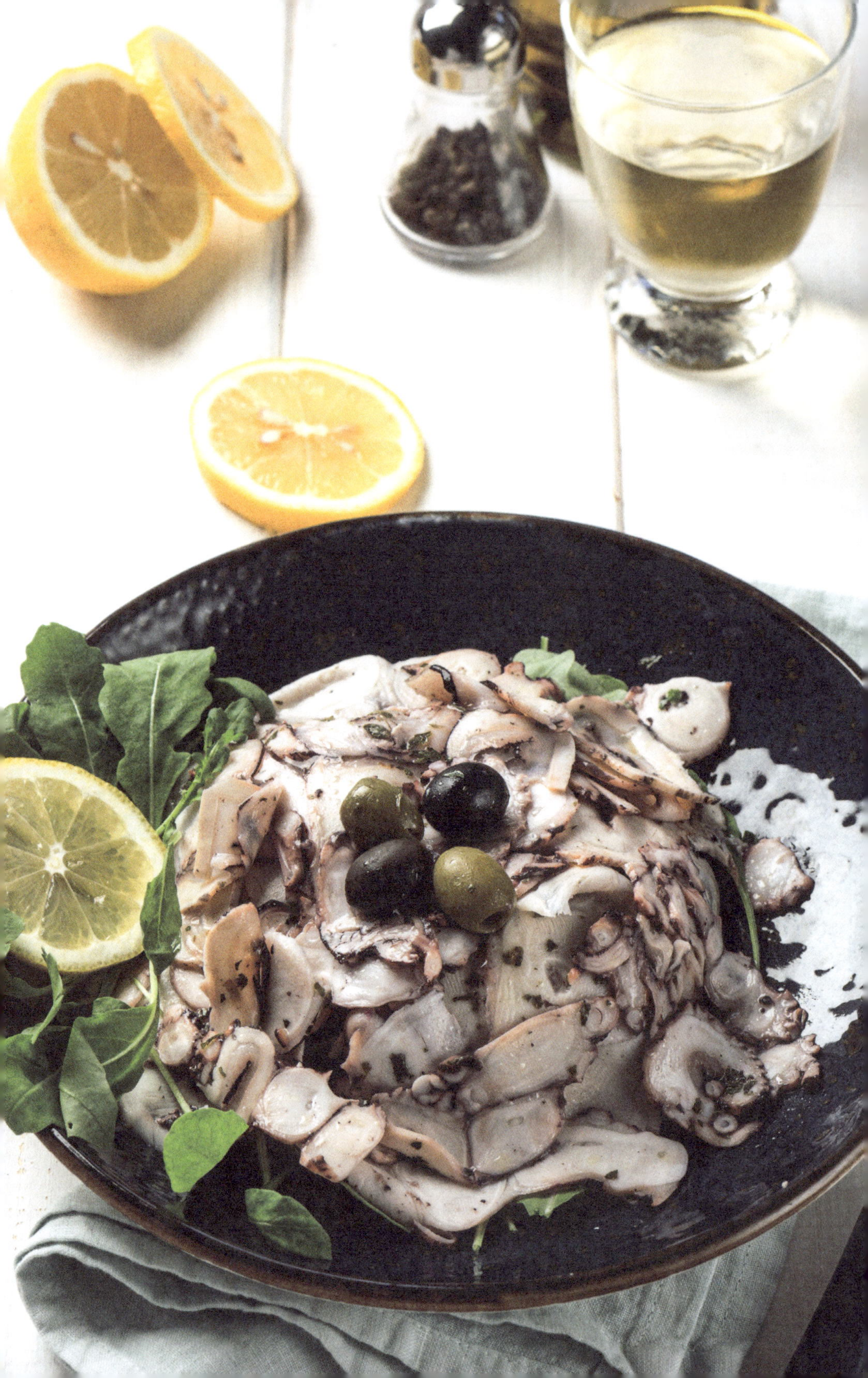

Carpaccio de polvo

A minha cozinha do dia a dia é baseada numa culinária de pratos de carne e produtos do campo, mas com o tempo aprendi também a apreciar o peixe, que, por motivos óbvios, nunca esteve na minha mesa quando eu era criança. Quem me ensinou esta receita foi o meu neto Gabriele, que de vez em quando pesca novas receitas para eu provar. Gosto de prepará-la especialmente no verão, quando está calor. Não é um processo demorado, quase todo o tempo é gasto no cozimento e no descanso. A única condição é que o polvo esteja bem fresquinho.

Preparo
30 minutos

Cozimento
1h30

Descanso
1 dia

Dificuldade
● ● ● ○ ○

Limpe e lave o polvo, ou, melhor ainda, compre-o já limpo do seu vendedor de peixes de confiança. Passe-o na água corrente e certifique-se de esfregá-lo bem para remover eventuais impurezas. Se estiver muito duro, você pode usar um martelo de carne para amolecê-lo.

Lave o salsão e descasque a cenoura e a cebola. Coloque tudo em uma panela grande com água e ferva. Quando a água estiver fervendo, acrescente o polvo.

Deixe ferver com a panela tampada por cerca de uma hora e meia.

Terminada a fervura, escorra o polvo com um escorredor e corte-o em pedacinhos.

Pegue uma garrafa de plástico grande e corte-a no meio. Coloque o polvo dentro e pressione. Faça buraquinhos no fundo da garrafa para que a água possa escoar. A seguir, corte a parte de cima da garrafa na altura do polvo e cubra tudo com plástico filme, de modo que o polvo fique prensado.

Ingredientes para 4 pessoas
- **1 kg** de polvo fresco
- **100 g** de salsão
- 1 cenoura
- 1 cebola
- 2 limões
- **100 g** de rúcula
- 1 dúzia de azeitonas
- 1 maço de salsinha
- Azeite de oliva extravirgem
- Sal
- Pimenta-do-reino

Deixe descansar na geladeira por mais ou menos 24 horas.

No dia seguinte, com a ajuda de uma tesoura, se for necessário, tire o polvo da garrafa, coloque em uma tábua e corte em fatias bem finas — se possível, com uma máquina fatiadora, caso contrário, com uma faca. Lave e pique bem a salsinha. Em uma vasilha, esprema os limões, remova as sementes e adicione o azeite, o sal, a pimenta e a salsinha. Misture.

Em cada um dos pratos, faça uma cama de rúcula lavada e bem enxaguada e coloque por cima as fatias de polvo. Por fim, derrame o molhinho de azeite e limão por cima e finalize o prato com algumas azeitonas.

Como limpar o polvo

Vire a cabeça do animal sob água corrente e remova todas as vísceras. Depois, com uma faca, faça um corte ao redor dos olhos e os remova. No meio dos braços você encontrará um bico cartilaginoso. Remova também essa parte com a ponta da faca. Se o polvo ainda estiver com a bolsa de tinta, remova-a bem delicadamente, com cuidado para que ela não estoure — você poderá usá-la para preparar uma deliciosa massa com tinta de polvo. Caso a pele esteja muito dura e você queira removê-la, basta esfregar as mãos por cima depois do cozimento que ela soltará com facilidade.

Creme de grão-de-bico com mexilhões

A combinação de grão-de-bico e mexilhões é um grande clássico da cozinha italiana. Eu gosto demais dessa sopa cremosa, seja no inverno, seja no verão, porque dá para comê-la quente, mas morninha também cai bem. Eu a preparo assim, batendo o grão-de-bico e depois colocando os mexilhões descascados, porque gosto da consistência cremosa. Mas tem gente que deixa o grão-de-bico e os mexilhões inteiros, e acrescenta inclusive macarrão para sopa.

Preparo
30 minutos

Limpeza
2 horas

Dificuldade
● ○ ○ ○ ○

D eixe os mexilhões de molho em água fria por cerca de duas horas, depois remova o bisso (a barba que sai das valvas) e limpe as conchas debaixo de água corrente, se necessário, com uma escovinha.

Leve os mexilhões ao fogo em uma panela com cerca de 200 ml de água e deixe cozinhar em fogo médio-baixo de 5 a 10 minutos — até que todos estejam abertos. Escorra a água do cozimento e reserve.

Descasque a cebola, tire a pele da cenoura e pique ambas. Esquente um fio de azeite em uma frigideira com o raminho de alecrim. Quando estiver bem quente, adicione a cebola e a cenoura e refogue por cerca de 5 minutos.

Retire o alecrim, adicione o grão-de-bico escoado e misture, prosseguindo com o cozimento por mais 10 minutos. Agora, você pode bater o grão-de-bico e os temperos, adicionando um pouco da água que usou para ferver os mexilhões, até obter um creme com a consistência desejada.

Adicione os mexilhões descascados e uma pitada de sal. Você pode acompanhar o creme com fatias de pão tostado.

Ingredientes para 4 pessoas
- **1 kg** de mexilhões limpos
- **500 g** de grão-de-bico enlatado
- **1** cenoura
- **1/2** cebola
- **1** raminho de alecrim
- Azeite de oliva extravirgem
- Sal

Crostone com linguiça e stracchino

Os lanchinhos de hoje em dia não estão com nada, os de antigamente sim é que eram lanches de verdade! O crostone com linguiça e queijo stracchino é uma receita muito popular na Toscana, especialmente como lanchinho para crianças e adolescentes. Um prato fácil e rápido de preparar, mas repleto de toda a energia necessária para quem está crescendo.

Preparo
20 minutos

Forno
10 minutos

Dificuldade
● ○ ○ ○ ○

Corte o pão em fatias com uma espessura de cerca de 1 cm.

Tire a pele das linguiças e, em uma vasilha, misture com o stracchino até obter uma mistura homogênea.

Espalhe essa mistura nas fatias de pão, regue com um fio de azeite e polvilhe tudo com uma pitada de sal e uma pitada de pimenta. Leve as torradas ao forno preaquecido e ventilado por 10 minutos a 180 °C.

Ingredientes para 4 pessoas
- **2** linguiças
- **250 g** de queijo do tipo stracchino
- **4** fatias de pão
- Sal
- Pimenta-do-reino
- Azeite de oliva extravirgem

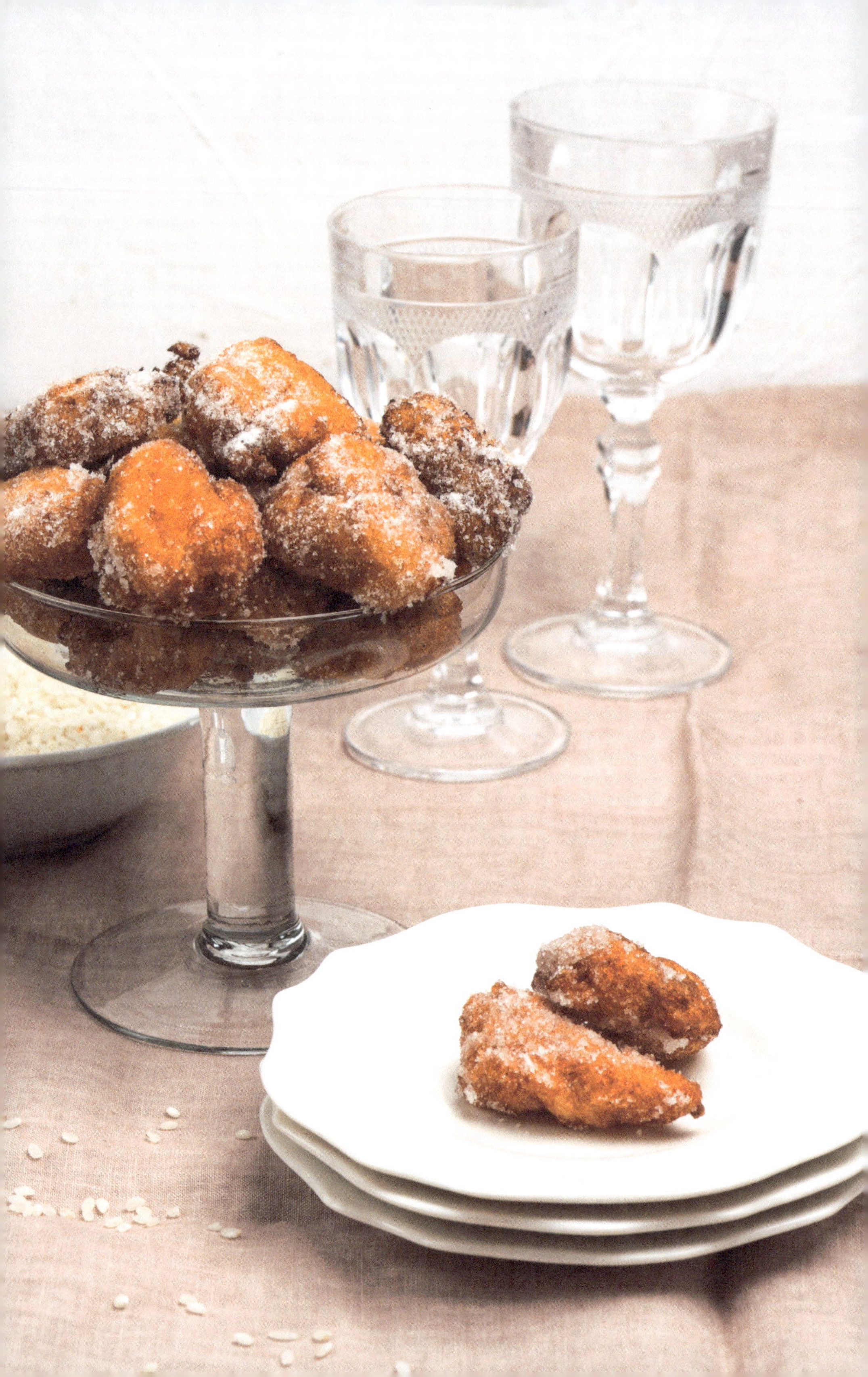

Bolinho frito de arroz doce

O bolinho de arroz é um dos meus doces preferidos, porque é simples e delicioso. Parece que é feito na Toscana desde o século XV, mas não era exatamente um prato barato de se fazer, porque naquela época o arroz ainda não era muito difundido. Hoje é um doce típico do Carnaval e do Dia dos Pais* — de fato, também é chamado de bolinho de São José.

Preparo
40 minutos

Dificuldade
● ● ○ ○ ○

Em uma panela grande (que depois irá servir para misturar a massa), esquente o leite com o sal. Quando começar a ferver, jogue o arroz, o açúcar, a manteiga e as raspas de casca de limão. Deixe ferver em fogo baixo e mexa a mistura até que o arroz tenha absorvido todo o líquido. Deixe esfriar por 10 minutos e depois acrescente as uvas-passas, a farinha, o ovo e o Vin Santo.

Misture tudo com um garfo para que não fique empelotado.

Com as mãos umedecidas ou com uma colher, faça bolinhas do tamanho de uma noz.

Despeje todo o óleo em uma frigideira. Quando estiver bem quente, mergulhe de três a quatro bolinhos por vez. Quando estiverem dourados, coloque-os em uma travessa forrada com papel-toalha e polvilhe açúcar de confeiteiro por cima.

Você pode servi-los quentes ou frios e também conservá-los na geladeira por até dois dias.

Ingredientes para 10-15 bolinhos

- **100 g** de arroz
- **750 ml** de leite integral
- **40 g** de manteiga
- **40 g** de farinha branca
- **1** ovo
- **40 g** de uvas-passas
- Raspas da casca de 1 limão
- **1/2** colher de chá de sal
- **30 g** de açúcar
- **1 L** de óleo de amendoim
- **1/2** copo de Vin Santo
- Açúcar de confeiteiro

* Na Itália, assim como em quase toda a Europa, o dia dos pais é comemorado em 19 de março, data que marca o dia de São José. (N.E.)

Frango ao limão

A carne branca está presente em quase todas as mesas, mas, por ser consumida com frequência, as pessoas muitas vezes ficam sem ideias de como prepará-la. Se te falta criatividade, pergunte para mim, que de frango eu entendo. Aqui está uma receitinha simples e fresca, perfeita para o verão. O limão, ademais, atenua bem o sabor do frango, que não agrada a todos. As crianças, em particular, ficam loucas com essa combinação.

Preparo
20 minutos

Dificuldade
● ○ ○ ○ ○

Comece pelo frango. Se já estiver cortado em fatias, ótimo. Caso os peitos de frango estejam inteiros, corte-os em quatro pedaços do mesmo tamanho, não muito grossos.

Corte um limão e esprema em uma vasilha pequena, retirando as sementes. Pincele os peitos de frango com o suco, depois os mergulhe por inteiro na farinha.

Em uma frigideira, esquente de duas a três colheres de azeite e, quando estiver quente, frite os filés de frango por cerca de 5 a 6 minutos, deixando que dourem dos dois lados.

Quando o frango estiver pronto, esprema o outro limão na vasilha e adicione meia colher de sopa de farinha, misture e depois despeje na frigideira. Siga misturando por alguns minutos, a fim de obter um molhinho simples e bem leve de limão. Por fim, tempere com sal e pimenta a gosto.

Ingredientes para 4 pessoas
- **650 g** de peito de frango
- **2 limões**
- **1/2 colher** de sopa de farinha branca
- **2-3 colheres de sopa** de azeite de oliva extravirgem
- **Sal**
- **Pimenta-do-reino**

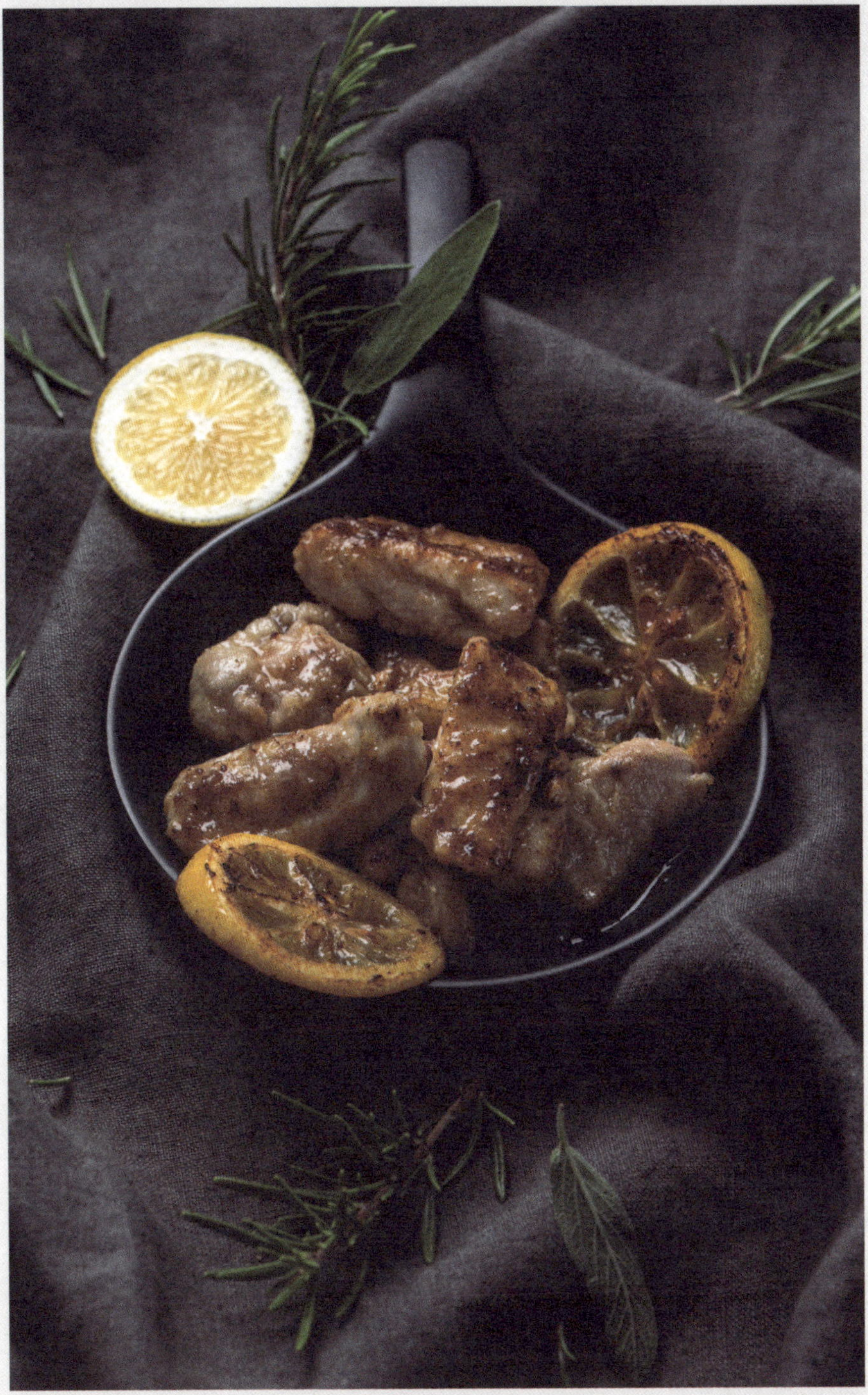

Ragu de javali

Não há uma única família do interior da Toscana que não saiba fazer o ragu de javali. Este é o meu, feito como se fazia antigamente. É o molho clássico do macarrão pappardelle, por isso seria ideal preparar a massa também em casa. É a mesma receita do tagliatelle da pág. 75, a única diferença é que o pappardelle é mais largo.

Preparo
30 minutos

Cozimento
1h45

Marinada
1 dia

Dificuldade
● ● ● ● ○

Limpe um salsão, uma cebola e uma cenoura e corte tudo em pedaços grandes. Corte a carne de javali em cubinhos, iguais aos de uma carne de panela. Em uma vasilha grande, coloque a carne, os legumes cortados, as folhas de louro lavadas, as bagas de zimbro, três cálices de vinho para a marinada e cubra com plástico filme.

Deixe o javali marinando na geladeira de 18 a 24 horas, para que o forte sabor de carne de caça enfraqueça. Passado o tempo necessário, escoe a carne da marinada.

Prepare um refogado: limpe o salsão, a cebola e a cenoura que sobraram e pique bem com uma faca. Esquente uma colher de sopa de azeite de oliva em uma frigideira. Quando estiver quente, adicione os vegetais picados e, caso queira, um pouco mais de baga de zimbro, refogando tudo por cerca de 10 minutos em fogo baixo. Pode adicionar um copo de água para que os legumes não queimem.

Deglaceie a frigideira com o vinho tinto que sobrou e logo depois adicione a carne de

Ingredientes para 4 pessoas
- **600 g** de carne de javali
- **500 g** de polpa de tomate
- **2 salsões**
- **2 cebolas**
- **2 cenouras**
- **4 folhas de louro**
- Bagas de zimbro
- **1 colher de sopa de** azeite de oliva
- **750 ml** de vinho tinto (1 garrafa)
- Sal

javali. Deixe em fogo meio-alto de 5 a 10 minutos. Adicione também a polpa de tomate, misture e deixe cozinhar por uma hora e meia, até que a carne fique macia. Pouco antes do final do cozimento, ajuste o sal a gosto.

Ravióli feito à mão com recheio de batata

Nada é mais prazeroso do que preparar a massa em casa com as próprias mãos. E sobretudo o ravióli, porque o nível de dificuldade para prepará-lo é um pouco mais alto, mas na verdade é mais fácil do que parece. É só praticar um pouco para aprender a ver se a massa está com a consistência certa, se precisa de um pouquinho mais de farinha, se está muito grossa ou muito fina. Vou usar aqui um recheio clássico, a batata, mas, quando tiver pegado prática, você pode dar asas à imaginação: tem gente que recheia com provolone, outros com presunto cru, e ainda tem quem coloque um pouquinho de hortelã fresca.

Preparo
2 horas

Descanso
30 minutos

Dificuldade
● ● ● ● ○

Comece pelo recheio. Lave e ferva as batatas em água salgada. Quando estiverem mornas, descasque e amasse com um passador de legumes ou amassador de batatas em uma vasilha. Adicione o parmesão, a noz-moscada, o sal e a pimenta a gosto.

Vamos agora preparar a massa fresca. Em uma bancada, coloque a farinha com uma cavidade no centro, como um vulcão, e coloque no centro os ovos e uma pitada de sal. Comece a misturar com um garfo, incorporando a farinha aos poucos. Quando a massa estiver bem consistente, continue usando as mãos.

Quando os ovos e a farinha estiverem bem misturados, faça uma bolinha com a massa e deixe-a descansar por 30 minutos, de preferência em uma vasilha coberta com plástico filme para que não resseque muito.

Abra a massa com um rolo, tentando obter uma espessura fina (2 mm) e o mais uniforme possível para evitar que ela quebre.

Agora pegue o recheio e, com uma colherzinha ou um saco de confeitar, faça montinhos

Ingredientes para 4 pessoas

Para a massa:
- **4** ovos
- **400 g** de farinha branca
- Sal

Para o recheio:
- **400 g** de batata
- **100 g** de parmesão ralado
- Noz-moscada
- Sal
- Pimenta-do-reino

Para o molho:
- **20 g** de manteiga
- **5-6** folhinhas de sálvia
- Parmesão ralado

em uma metade da massa. Deixe uma distância de 5 cm a 6 cm entre um montinho e outro. Dobre a outra metade da massa até cobrir a que está com o recheio.

Pressione com delicadeza a massa ao redor do recheio de cada um dos raviólis, com cuidado para que dentro deles não fique ar. É importante que o ravióli fique compacto para evitar que abra durante o cozimento. Agora, corte e separe os raviólis com um cortador de massa.

Continue trabalhando com a massa que sobrou, fazendo mais raviólis até acabar com o recheio.

Cozinhe os raviólis na água fervendo por alguns minutos.

Enquanto isso, derreta a manteiga com as folhas de sálvia lavadas em uma frigideira. Quando estiverem prontos, coloque os raviólis na frigideira com a manteiga e a sálvia. Vire-os com muita sutileza. Finalize com uma generosa polvilhada de parmesão.

Ricciarelli de Siena

Diz a lenda que os ricciarelli foram inventados por um nobre toscano, Ricciarello della Gherardesca. De volta após uma cruzada na Terra Santa, Ricciarello pediu que lhe preparassem esse doce, cujo formato pontudo lhe lembrava as pantufas dos sultões do Oriente. Não se sabe se a história é real, nem mesmo se Ricciarello realmente existiu, mas é provável que os ricciarelli descendam do marzipã do Oriente. No século XV eram chamados de marzipãzinhos de Siena e biscoitos morzelletti. Inclusive parece que foram servidos no casamento de Caterina Sforza.*

Preparo
1 hora

Dificuldade
● ● ● ● ●

Em uma vasilha, coloque as claras, a farinha de amêndoa, o açúcar de confeiteiro, uma pitada de sal e o fermento. Reserve um pouco do açúcar para polvilhar os ricciarelli depois de prontos.

Na batedeira, misture tudo até obter uma massa uniforme.

Divida a massa em partes e trabalhe em cada uma delas com as mãos até formar uma espiral de cerca de 3 cm a 4 cm de diâmetro. Depois corte em pedaços de mais ou menos 5 cm de comprimento. Dê a cada pedaço um formato oval e levemente achatado.

Coloque os ricciarelli em uma forma forrada com papel-manteiga e leve ao forno preaquecido a 180 °C por cerca de 10 minutos. Quando estiverem prontos, decore a superfície dos biscoitos com uma generosa polvilhada de açúcar de confeiteiro.

Ingredientes para 10 ricciarelli

- **400 g** de farinha de amêndoa
- **280 g** de açúcar de confeiteiro
- **2** claras
- **10 g** de fermento
- Sal

* Caterina Sforza vinha de uma família bastante conhecida no tempo do Renascimento italiano. Seu pai, Galeazzo Maria, teve um filho com a mulher de seu melhor amigo, e a menina acabou crescendo em sua casa. Lá, teve uma educação renascentista muito completa: além de ler obras humanistas importantes, também aprendeu a lutar. MARTINS, Maura. **Caterina Sforza: a incrível história da destemida condessa italiana.** 2022. Disponível em: https://www.megacurioso.com.br/educacao/122262-caterina-sforza-a-incrivel-historia-da-destemida-condessa-italiana.htm. Acesso em: 7 out. 2024. (N.E.)

Naturalmente sem glúten

Esta receita é perfeita também para os celíacos, porque a farinha de amêndoa é feita somente com amêndoas trituradas, por isso não contém glúten. É por isso, inclusive, que os ricciarelli são caros. Se você os encontrar baratos, significa que foram feitos com farinha de trigo, e o ricciarelli não é lugar para farinha de trigo!

Schiacciata com uva

Quando era época de colheita de uva, eu sempre separava algumas para preparar uma bela de uma schiacciata, que dá energia durante o trabalho no vinhedo, além de fazer bem demais para o moral. Lembro como era bom, no meio do dia, fazer uma pausa no trabalho e me sentar para comer um pouco de schiacciata! O trabalho fica mais leve se de vez em quando você se concede um prêmio. A receita original é feita com a uva Canaiolo, mas qualquer uva roxa serve, e fica melhor ainda se os bagos forem pequenos.

Preparo
1h30

Fermentação
3 horas

Forno
50 minutos

Dificuldade
● ● ● ○ ○

D issolva a levedura em 50 ml de água. Depois adicione a farinha, o azeite e o anis e misture até obter uma massa homogênea e elástica. Deixe fermentar por cerca de três horas.

Pegue mais ou menos dois terços da massa e coloque em uma forma retangular revestida com papel-manteiga enfarinhado, abrindo com as mãos até que ela fique com cerca de 1 cm de espessura.

Espalhe 200 g de uva por cima, duas ou três colheres de sopa de açúcar e um fio de azeite, procurando espalhar tudo muito bem.

Em uma superfície enfarinhada, abra a massa que sobrou e depois a coloque por cima do recheio até cobrir tudo. Cuidado para vedar bem as bordas e não deixar buracos. Espalhe as uvas restantes por cima da superfície com mais uma colher de açúcar e outro fio de azeite.

Leve ao forno preaquecido a 180 °C e asse por 50 minutos, até a schiacciata ficar bem dourada. Deixe esfriar antes de servir.

Ingredientes para 4 pessoas
- **250 g** de farinha branca
- **5 g** de levedura de cerveja
- **4** colheres de sopa de açúcar
- **300 g** de uva roxa (de preferência a Canaiolo)
- Anis
- **2** colheres de sopa de azeite de oliva extravirgem

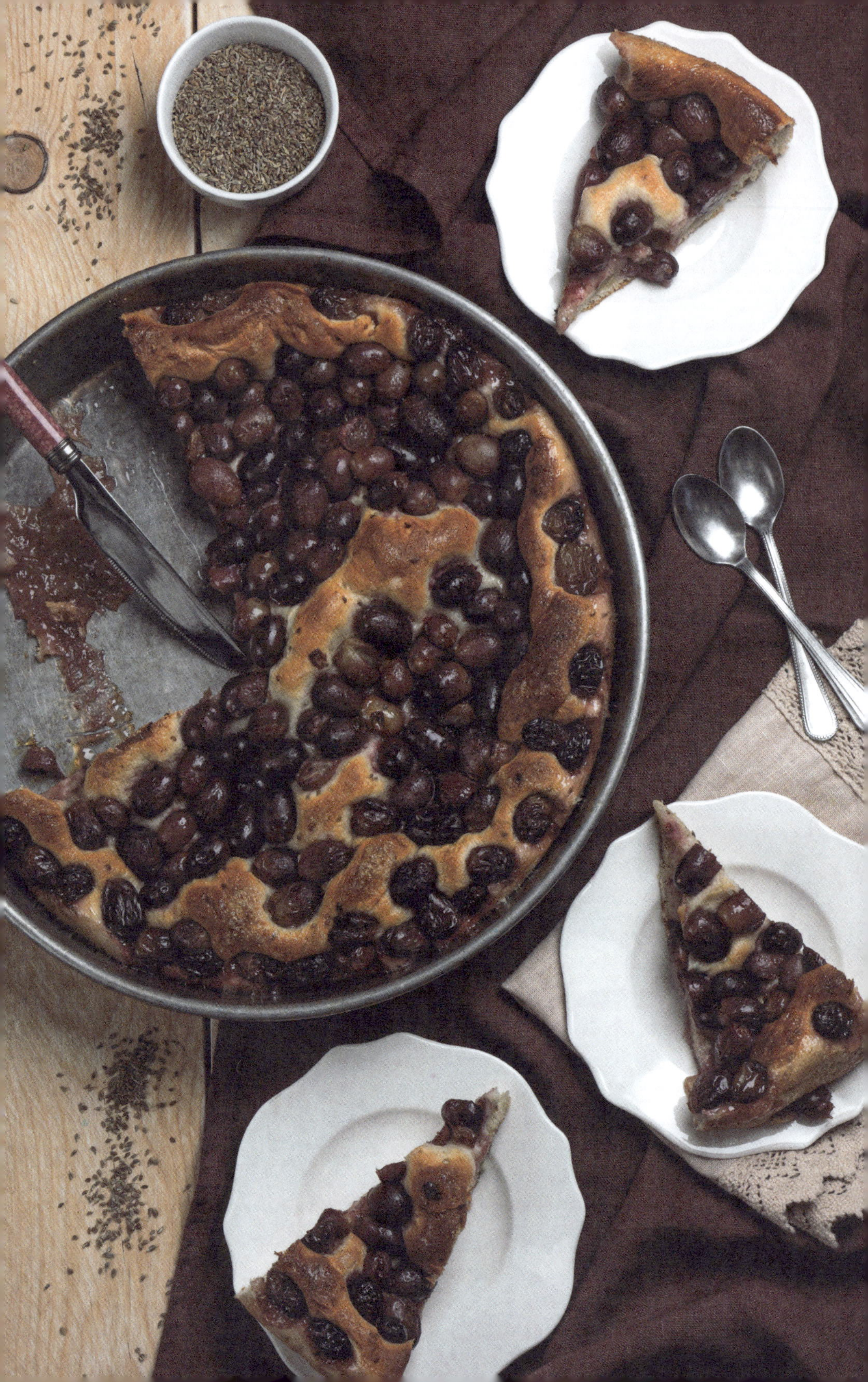

4. A padaria

Quando a empresa de bordado fechou, me vi em uma situação pela qual nunca tinha passado antes: estava desempregada. Mas meu filho Marco e sua esposa Margherita logo cuidaram disso. Em 1991 eles se casaram e me deram dois netos, Gabriele, em 1996, e, três anos depois, Simone. **Em poucos anos precisei aprender uma profissão, essa sim uma novidade para mim: ser avó.**

Margherita trabalhava em um hospital e Marco, naquela altura, era especialista em parquete, por isso ficavam fora o dia inteiro. Era eu quem cuidava dos filhos deles, assim como Romolina, no tempo dela, fez com os meus. E tal qual minha mãe, passei a cozinhar para os meus netos. Eu pensava que dali em diante aquela seria a minha vida — e eu gostava.

Quando meus pestinhas voltavam da escola (a mesma em que eu estudei sessenta anos atrás), eu preparava para eles um belo almoço, me certificava de que fizessem o dever de casa e ficava com eles até que os pais chegassem do trabalho. Até que certo dia, em 2006, de surpresa, Marco falou: "Mãe, comprei um ponto".

"Um ponto? Para fazer o quê?"

"Uma padaria!"

O novo negócio ficava em Castelfiorentino, a poucos minutos de carro de Montespertoli. Mas fazer uma padaria dar certo não é fácil, sobretudo em uma cidadezinha na qual todos se conhecem e já têm os próprios comércios de referência onde se abastecem há anos.

As vendas não decolavam, então decidi tentar uma coisa — sem grandes expectativas. Certa noite, quando eu não tinha mais

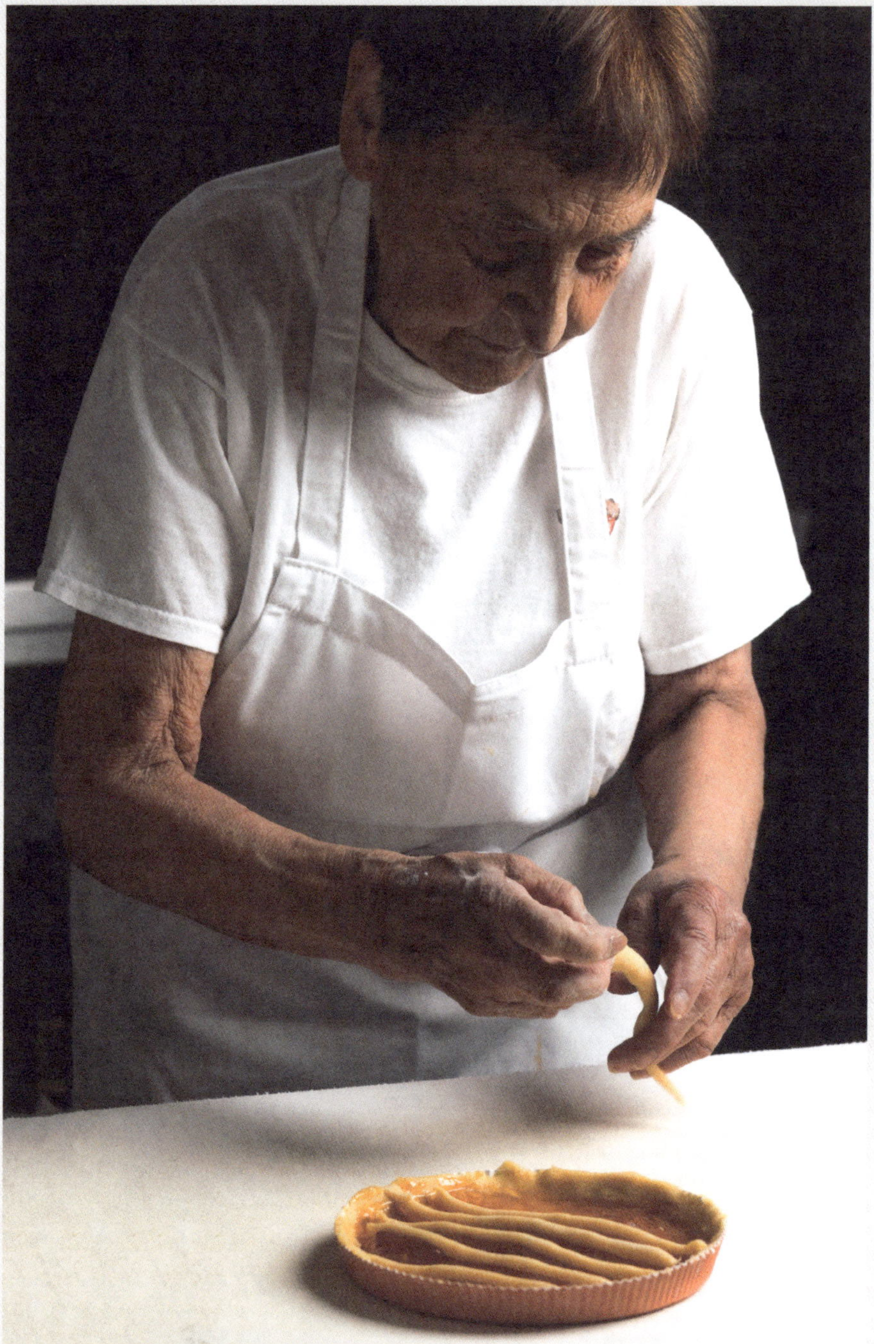

nada para fazer depois que as crianças foram embora, preparei uns pudins de arroz e uns bolos de maçã. No dia seguinte, fui até o negócio e propus a Marco tentar vendê-los. Pensei que poderia ser uma boa ideia oferecer algo além dos pães, sanduíches e achatados de sempre — algo bom e com sabor de família, que geralmente é feito em casa, mas que, se falta tempo, pode ser encontrado já pronto na padaria, bom como se tivesse sido feito por você.

Tanto os bolos quanto os pudins venderam como água, assim como no dia seguinte, e no outro também. **A padaria começou a fervilhar de clientes. Não por causa da minha beleza, é claro, mas porque** *a comida era boa*!

Peguei o hábito de, todas as noites, preparar vinte pudins de arroz e três bolos de maçã, que levava para a padaria no dia seguinte. Fazia tudo com uma batedeira elétrica daquelas domésticas. Eu ainda a tenho, aquela batedeira. Mas logo os pudins e bolos não eram mais o suficiente, e em pouco tempo me vi trabalhando diretamente na padaria, preparando doces em período integral.

Mais uma vez a vida me mostrava o caminho, dessa vez o definitivo. Eu tinha gostado dos outros trabalhos, não vou dizer que não, mas para mim não tinham sido nada além de uma fonte de sustento. Cozinhar era diferente, era uma coisa que eu amava fazer. Talvez não tivesse me dado conta antes, mas agora percebia que não precisava mais trabalhar por necessidade.

No começo, nem a padaria foi uma escolha por paixão. Quem a quis foi Marco, e eu faria qualquer coisa para ajudar minha família, em qualquer atividade em que ela estivesse envolvida. Eu o ajudava porque era o que tinha que ser feito e pronto, eu não me questionava se gostava ou não. Porém, me deixava feliz fazer coisas boas e ver que tinham sucesso. Comecei a pegar gosto e pouco a pouco entendi que tinha encontrado o meu lugar. Pela primeira vez, até mesmo a escolha de Giovanni de vender o negócio de frangos eu passei a ver sob uma perspectiva diferente. Agora entendia, pelo menos em parte, o que ele queria dizer quando falava que desejava fazer outra coisa.

Além dos bolos e pudins, comecei a sugerir outros doces que preparava quando era mais nova: ricciarelli, cantucci e o meu carro-chefe, os bolinhos da nonna, que consistem em duas camadas de massa podre recheadas com um oceano de creme. Alguns clientes começaram a me fazer pedidos específicos, como a base de pão de ló. Eu não sabia fazer, mas me virei. Pratiquei até não poder mais e, no fim, saiu um pão de ló delicioso, muito delicado, que ainda hoje uso como base para outras receitas, por exemplo, recheado com creme e morangos.

Também aperfeiçoei aquela que viria a ser a minha famosa massa podre. Uma amiga me deu a receita, que era deliciosa, mas na minha opinião endurecia muito rápido, por isso fiz alguns testes e no final encontrei a combinação que, para mim, era perfeita. Uma massa podre que tinha o sabor de tradição, mas durava mais. Também me diverti preparando doces para ocasiões especiais: a torta mimosa para o Dia Internacional das Mulheres e os panetones e outros doces festivos típicos quando chegava o Natal. Ainda hoje, no período das festas, não faço outra coisa além de preparar panetones.

Os clientes elogiavam, mas o maior elogio de todos para mim era que tudo aquilo que eu fazia sumia do balcão em um piscar de olhos.

Meu papel passou a ser o de responsável pela confeitaria. Eu chegava na padaria de manhã depois de levar Gabriele e Simone para a escola, ali mesmo em Castelfiorentino. Era eu quem os levava porque Marco trabalhava à noite na padaria e Margherita no hospital, e depois eu começava a trabalhar. Chegava na cozinha armada da energia e da precisão que sempre tinham me acompanhado, e muitas vezes ia embora só à noite. Fazia tudo à mão, como faço ainda hoje, e supervisionava todos os processos. O frescor e a qualidade dos ingredientes eram uma obsessão minha. Para mim, o segredo é esse. Ainda cultivo na minha horta alho, manjericão e tomate, com os quais preparo conservas para a minha família no verão. **As coisas devem ser feitas com paixão, o lucro não tem nada a ver com isso!**

E os clientes notaram a nossa paixão. Em pouco tempo nos vimos na situação de precisar de ajuda. Não só a demanda estava crescendo, alguns supermercados locais também entraram em contato conosco, pois queriam vender nossos pães e os nossos achatados em suas bancadas. De noite tínhamos sempre alguém trabalhando. Eu preparava e colocava a massa para fermentar e então assava o pão. Depois, assim que saía do forno, ia fazer a entrega para os supermercados e reabastecer nossas bancadas. Queríamos que nossos produtos estivessem sempre frescos, porque a qualidade é a característica que te difere dos outros e faz com que os clientes voltem. E a qualidade, vocês já devem ter entendido, só é obtida de uma maneira: com empenho.

Minha filha Simona veio trabalhar na padaria e logo vieram também Gabriele e Simone, que se juntaram a nós assim que terminaram o ensino médio. Contratamos ainda alguns funcionários. Para mim, felicidade era aquilo: a família unida trabalhando em torno de um projeto em comum, cada um dando a sua contribuição. Eu gostava de passar os dias com Marco e Simona, e gostava ainda mais de ver que Gabriele e Simone queriam contribuir e que traziam novas ideias para fazer o negócio prosperar.

Em um certo momento, Marco propôs que nos enveredássemos pela *street food*, que eu sequer sabia o que era. Aparentemente, os furgões que vendiam sanduíches e comida de rua, só que de alto nível, estavam fazendo muito sucesso. Eram chamados de *food trucks*. Parecia uma boa ideia, perfeita para apresentar os nossos produtos além das fronteiras locais. Marco, Gabriele e Simone equiparam um furgão e começaram a frequentar feiras – primeiro na nossa região, depois por toda a Itália. Eu os ajudava a preparar tudo e depois eles iam. Mas faltava alguma coisa que nos diferenciasse dos outros, que motivasse as pessoas a entrar na nossa fila e não, por exemplo, na do cara ao lado. Então Marco teve a ideia daquilo que viria a ser o nosso carro-chefe: o Fagotto de Chianti.

O Fagotto de Chianti é um sanduíche feito com carne curada de produção nossa, à base de linguiça e pancetta e mais alguns molhinhos como acompanhamento. Bem, caso você esteja folheando as páginas atrás da receita, já te digo de antemão que não irá encontrá-la. O tempero que usamos na carne é secreto e não irei revelar qual é, mas posso dizer que é tudo produzido em família: o embutido buscamos em San Quirico, a poucos quilômetros de casa, com o meu genro, que produz presuntos e embutidos. Eu disse a vocês, não foi? Tenho obsessão por produtos frescos e de qualidade, porque quero que os clientes saiam contentes.

Enfim, com o Fagotto de Chianti a fila no *food truck* se formou — e como. Tanto que, se no início era a gente que pedia aos organizadores para participar de eventos, feiras e festas tradicionais, depois de um tempo foram eles que começaram a nos chamar.

Enquanto isso, a padaria expandiu: tínhamos maquinários mais eficientes e uma oferta de produtos maior. E graças um pouco ao boca a boca e um pouco à *street food*, a empresa Martini começava a ganhar fama na região.

Não faltou gente tentando se aproveitar disso. Um dia, eu e Marco pegamos um funcionário roubando nossos ganhos. Aquilo me fez mal. Para mim, a padaria é um assunto de família, uma família da qual os funcionários também fazem parte. Se tem uma coisa que eu prezo, desde sempre, é a integridade moral. É um princípio que nunca faltou aos Martini, nem mesmo nos tempos difíceis da guerra, quando todos sobreviviam como podiam. Eu esperava dos meus colaboradores a mesma honestidade e dedicação que eu tinha, e fiquei muito triste ao descobrir que alguém não tinha essa mesma visão. Mas aprendi a lição, e desde então tomamos o cuidado de nos cercar de pessoas dignas de confiança.

Em 2014 abrimos um segundo ponto de venda em Montelupo Fiorentino. De novo, levou algum tempo até que a nova padaria deslanchasse, mas dessa vez sabíamos o que fazer e conhecíamos o caminho das pedras. Diferentemente da primeira vez, não existia mais o problema de sermos desconhecidos, porque a Padaria Martini já era uma marca reconhecida, e a qualidade dos produtos era o nosso cartão de visita. Também estávamos começando a ganhar fama fora dos limites regionais.

Até que chegou a pandemia. Negócios fechados, pessoas presas em casa, proibição de encontros, máscaras... Meu Deus, parecia o apocalipse! A clientela sumiu. Alguns ainda apareciam para comprar, mas não como antes. Eu não acreditava. Teria que me render e recalcular a rota mais uma vez, justo agora que cada coisa parecia estar no seu lugar?

A solução veio dos meus netos: "Por que não criamos um site para o comércio on-line?".

"E como funcionaria?"

"Fácil, vó, colocamos os nossos produtos na internet. As pessoas encomendam o que quiserem, nós preparamos tudo e enviamos. Vão poder comprar de toda a Itália. Aliás, de todo o mundo."

"De todo o mundo? Ah, tá bom, seu bobinho."

Confiei neles, porque em se tratando de fazer biscoitos ninguém é páreo para mim, mas sei reconhecer quando alguém sabe mais sobre alguma coisa do que eu. O resto da família concordou, e tinha razão. Chegaram muito mais encomendas do que eu poderia imaginar. Realmente, tantas pessoas assim conheciam a gente e queriam os nossos pães e doces?

O comércio on-line não só nos salvou como também aumentou a nossa clientela, passando a incluir pessoas que viviam longe. Mas muito longe! Chegou até no exterior. Recebemos encomendas até mesmo do outro lado do oceano. Lembro que no Natal enviamos um panetone para Houston, no Texas. O sucesso foi tal que continuamos mesmo depois do fim da pandemia. **Mais uma vez, de uma coisa negativa estava nascendo uma boa.** Vocês percebem que é sempre uma questão de como se encara a vida?

As receitas

Pudim de arroz toscano

Estes são os famosos pudins de arroz que comecei a preparar em casa, à noite, quando meu filho Marco abriu sua primeira padaria, em Castelfiorentino. Parece que o pudim de arroz foi inventado em Pistoia e depois se espalhou pela Toscana. O termo em italiano, budino, viria, por outro lado, de Florença. Mas não se deixe enganar por aqueles brincalhões dos florentinos, já que não se trata do pudim gelatinoso ao qual estamos acostumados, mas sim de uma tortinha que tem os mesmos ingredientes de uma torta doce. Existem várias teorias a respeito do pudim de arroz, e esta é a minha: sem a massa podre fica mais rápido de preparar.

Preparo
30 minutos

Forno
30 minutos

Dificuldade
● ● ● ● ●

Em uma frigideira espaçosa, coloque o leite, o açúcar, as raspas de laranja, farinha e a manteiga. Misture tudo.

Agora, leve essa mistura ao fogo.

Assim que o leite ferver e a manteiga derreter, acrescente o arroz. Deixe cozinhar por cerca de 20 minutos, lembrando de misturar de vez em quando para que o arroz não grude no fundo.

Quando obtiver uma massa não muito líquida, coloque-a em um saco de confeitar e preencha as forminhas, de preferência com as dimensões de um muffin, untadas e enfarinhadas. Não as encha até em cima, deixe uma borda de cerca de 1 cm.

Leve ao forno preaquecido a 180 °C por cerca de 30 minutos, até que a superfície das tortinhas esteja levemente dourada. Se por dentro ainda estiverem um pouco cruas, pode

Ingredientes para 8 tortinhas
- **180 g** de açúcar
- **150 g** de arroz para risoto
- **60 g** de manteiga
- **600 ml** de leite integral
- Raspas de 1 laranja
- **300 g** de farinha branca
- Açúcar de confeiteiro

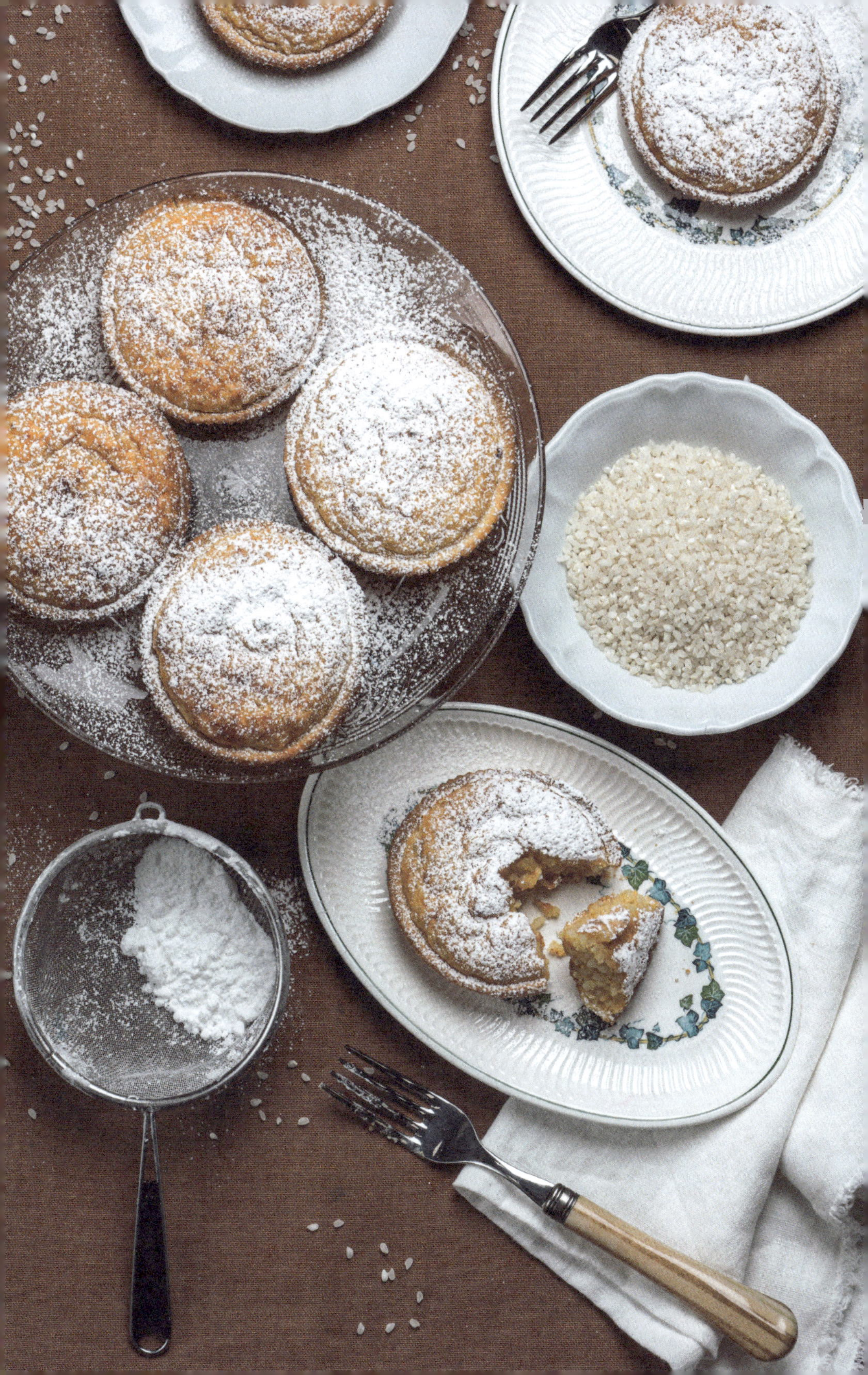

assar um pouquinho mais. Teste enfiando um palito — que precisa sair seco.

Para tirar os pudins de arroz das formas, você pode usar uma faca (com bastante delicadeza) para te ajudar a soltá-los das bordas.

Por último, complete a obra com uma bela polvilhada de açúcar de confeiteiro.

Uma gotinha de Vin Santo cai sempre bem

Caso você goste, pode adicionar à massa um pouco de Vin Santo, que cai sempre bem. De 20 ml a 30 ml já são o suficiente, só para dar um aroma.

Panqueca florentina

As panquecas, que em italiano chamamos de crespelle, *são chamadas assim hoje em dia por causa do característico aspecto enrugado que ganham durante o cozimento. Mas, antigamente, os agricultores toscanos as chamavam de* pezzole *[xales, em português], como os lenços que as mulheres colocavam na cabeça. E o bechamel, com o qual eram feitas, era chamado de molho espesso. Foi Catarina de Médici, apaixonada por cozinhar, quem então as levou para a França quando se casou com Henrique II de Orleans. Do encontro entre a culinária florentina e a francesa nasceu, por fim, o crepe.*

Preparo
45 minutos

Descanso
1 hora

Forno
15 minutos

Dificuldade
● ● ○ ○ ○

Em uma vasilha, coloque, nesta ordem, a farinha, dois ovos, a manteiga, o leite e uma pitada de sal, misturando com esmero e constantemente cada vez que adicionar um ingrediente. Quando a massa estiver líquida e homogênea, deixe que descanse na geladeira por cerca de uma hora.

Esquente uma frigideira antiaderente de 18 cm a 20 cm de diâmetro, untando o fundo com um pouquinho de manteiga para que a massa não grude. Coloque duas ou três colheres da massa na frigideira quente e deixe cada lado fritar por cerca de um minuto e meio. À medida que as panquecas forem ficando prontas, reserve-as para que possam esfriar.

Agora vamos para o recheio. Lave e coloque o espinafre em uma panela com água fervente levemente salgada por cerca de 5 minutos. Deixe escorrer, esprema bem e, com a ajuda de um pano de prato limpo, seque bem.

Ingredientes para 4 pessoas
- **120 g** de farinha branca
- **200 ml** de leite integral
- **3** ovos
- **50 g** de manteiga
- **350 g** de espinafre fresco
- **200 g** de ricota
- **400 g** de molho bechamel
- **100 g** de molho de tomate
- **50 g** de parmesão ralado
- Sal

Pique o espinafre bem picadinho e coloque em uma vasilha junto aos ovos que restaram, à ricota e ao parmesão. Misture por alguns minutos, até obter uma pasta homogênea.

Quando estiver pronto, coloque cerca de uma colher de recheio em cada panqueca e enrole.

Despeje mais ou menos metade do bechamel em uma forma de vidro, espalhando-o bem pelo fundo, e coloque as panquecas por cima, formando uma fila. Cubra com a outra metade do bechamel, o molho de tomate e uma salpicada de parmesão. Leve ao forno preaquecido a 180 °C por 15 minutos.

Torta doce com a minha massa podre

Está bem, vocês venceram. Vou revelar a minha receita secreta de massa podre. Digamos que é um jeito de agradecer a vocês por terem escolhido este livro. Dependendo do que for ser preparado, existem milhares de receitas diferentes de massa podre: com ou sem fermento, com mais ou menos manteiga, com ou sem ovos... Esta é a receita-base que eu aperfeiçoei, depois de inúmeros testes e melhorias, partindo da receita que minha amiga me deu muitos anos atrás. Desde então, a massa podre se tornou a minha especialidade. Tem um valor afetivo para mim. Eu coloco o coração em tudo o que eu faço, mas nesta massa coloco um pouquinho mais.

Preparo
1 hora

Descanso
1 hora

Forno
20 minutos

Dificuldade
● ● ● ○ ○

Quebre os ovos em um recipiente e adicione a manteiga em pedaços, uma pitada de sal, o açúcar de confeiteiro, a farinha, as raspas da laranja e o fermento. Misture até obter uma massa uniforme, depois deixe descansar na geladeira, coberta com plástico filme, por cerca de uma hora.

Após o tempo de descanso, pegue dois terços da massa podre e abra em uma forma redonda untada com manteiga de cerca de 12 cm, formando a base e deixando uma borda de 2 cm a 3 cm de altura. A base deverá ter uma espessura de 0,5 cm. Não a faça muito alta, senão o meio ficará cru.

Espalhe a geleia sobre a base.

Para criar as tiras decorativas, pegue a massa que sobrou, corte-a em pedaços e, com cada

Ingredientes para uma forma redonda de 12 cm

- **2** ovos (recomendo que estejam frescos!)
- **140 g** de açúcar de confeiteiro
- **230 g** de manteiga
- Raspas de casca de **1 laranja**
- **400 g** de farinha branca
- **2 g** de fermento
- Sal
- Marmelada ou geleia a gosto

um deles, faça tiras com o mesmo comprimento do diâmetro da torta. Coloque-as esticadas sobre a superfície da torta da maneira que você preferir — eu gosto de colocar muitas, por mais que assim leve mais tempo.

Leve ao forno preaquecido a 180 °C por cerca de 20 minutos.

Eu dou a massa podre para vocês!

Todo mundo me pergunta o segredo da minha massa podre, mas eu sempre digo que só existe um: os ovos precisam estar fresquíssimos e não podem vir de criações industriais.

Esta receita também pode ser usada para outros doces que levam massa podre. Basta acrescentar um ingrediente: a criatividade.

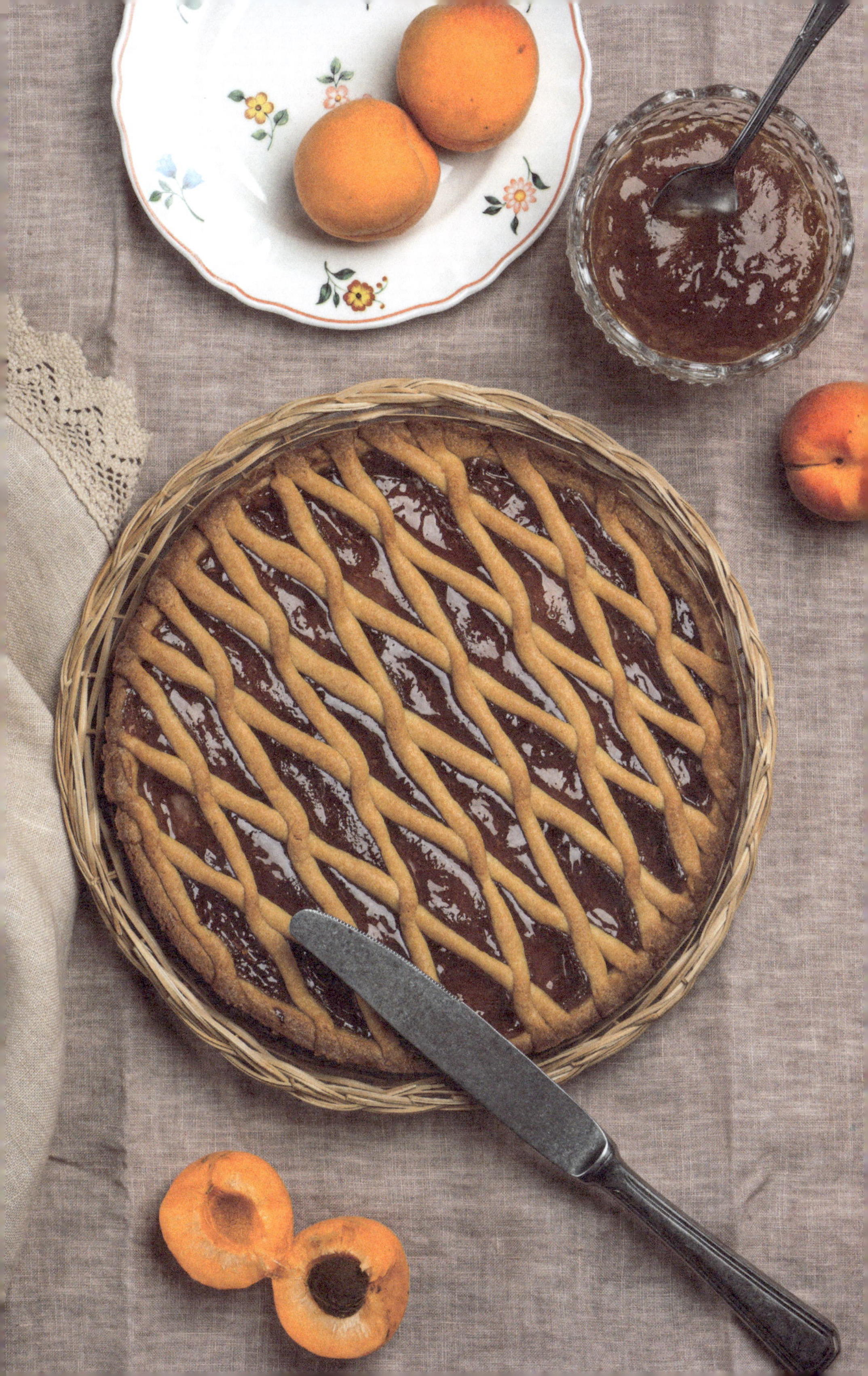

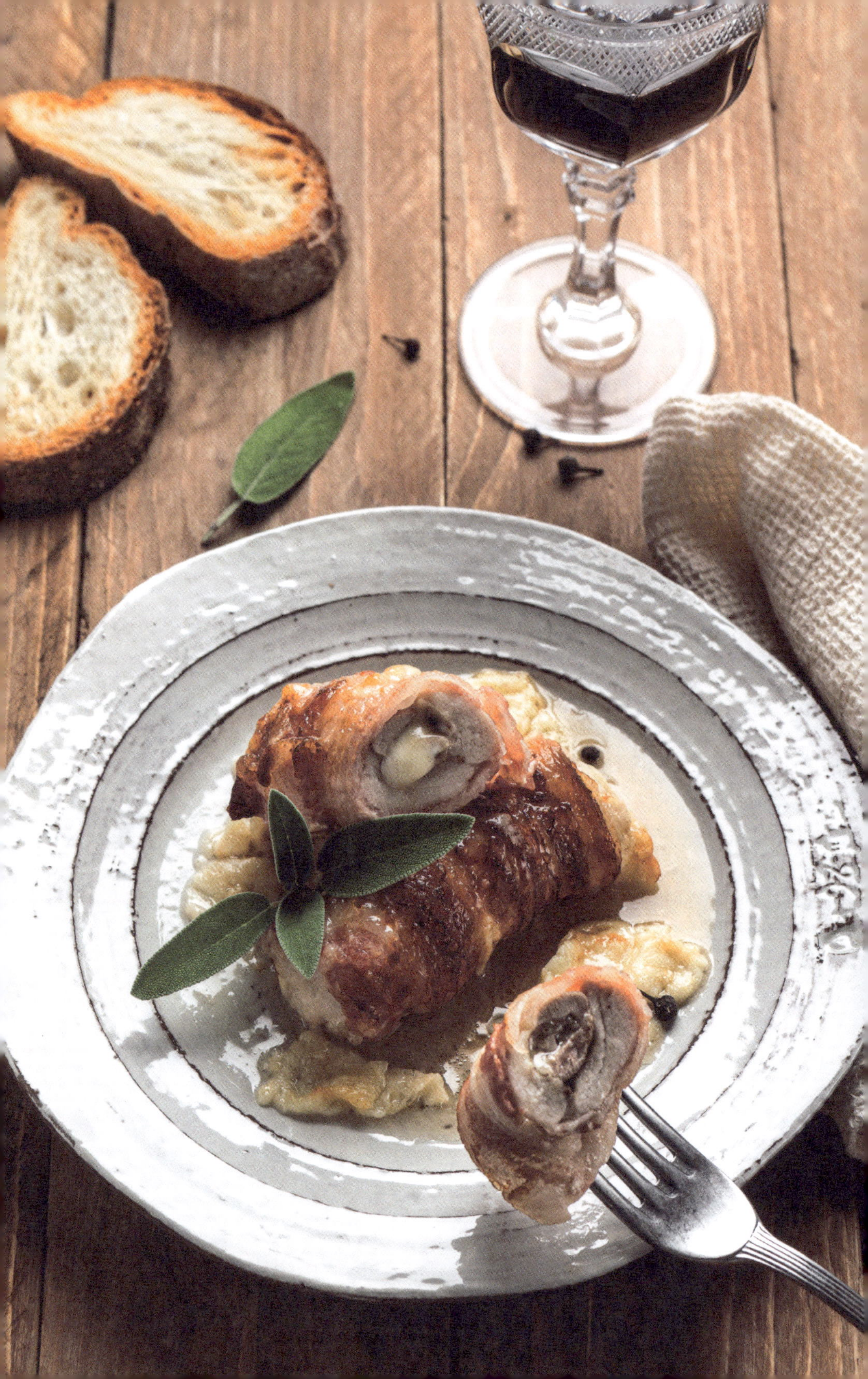

Enroladinho de frango recheado com pancetta

Quando meus netos não queriam comer carne, de vez em quando eu recorria ao "truque" dos enroladinhos e os convencia na mesma hora! A pancetta e o queijo deixam tudo mais gostoso e as crianças adoram um queijo que estica. Esta receita serve para diferentes versões, por exemplo, com queijo e espinafre (um "truque" para quem não ama verduras), com mortadela, presunto cru... Experimente e veja quais versões fazem mais sucesso com os pequenos na sua casa.

Preparo
35 minutos

Dificuldade
● ○ ○ ○ ○

Em uma tábua ou bancada de cozinha, amacie o frango com um martelo. Caso você não tenha um, cubra o frango com papel-manteiga e bata com a palma da mão aberta.

Arrume os filés de frango em uma superfície e coloque sobre cada um deles uma fatia de queijo e uma de pancetta. Enrole-os, formando um enroladinho. Coloque uma folha de sálvia por cima e prenda tudo com um ou dois palitos de dente — para que o enroladinho não abra.

Esquente um fio de azeite em uma frigideira (cerca de duas colheres de sopa) e coloque os enroladinhos. Deixe fritar em fogo médio por 5 minutos. Quando a carne estiver dourada, acrescente o vinho e deixe evaporar. Abaixe o fogo e continue cozinhando por mais 10 minutos. Quando estiver pronto, tempere com sal e pimenta a gosto.

Ingredientes para 4 pessoas
- **650 g** de peito de frango em filés
- **200 g** de pancetta fatiada
- **150 g** de queijo fatiado
- **100 ml** de vinho branco
- **2** colheres de sopa de azeite de oliva extravirgem
- **4-5** folhas de sálvia
- Sal
- Pimenta-do-reino

Torta de amêndoas mantuana

Existem diversas lendas a respeito da origem da torta mantuana. Alguns dizem que a receita foi doada por duas freiras de Mântua para um cidadão de Prato como agradecimento por sua hospitalidade durante uma peregrinação delas a Roma. Outros falam que foi levada até a corte dos Médici por Isabella d'Este, futura marquesa de Mântua. Fato é que, apesar do nome, trata-se de um doce típico de Prato. Quando um cliente a encomendou pela primeira vez na padaria, confesso que eu não conhecia. Fui logo aprender do que se tratava e aqui está a receita que aperfeiçoei combinando diversas fontes.

Preparo
20 minutos

Forno
30 minutos

Dificuldade
● ● ● ● ●

Em uma panela pequena, derreta a manteiga em fogo baixo.

Em uma vasilha, bata um ovo inteiro, duas gemas e o açúcar até obter um creme liso e espumoso. Acrescente a farinha, o fermento, as raspas de limão e um terço das amêndoas e siga misturando por vários minutos.

Por fim, adicione a manteiga derretida e continue misturando.

Unte com manteiga uma forma de cerca de 18 cm de diâmetro e despeje a massa nela. Espalhe sobre a superfície da torta as amêndoas que sobraram e leve ao forno preaquecido e ventilado a 170 °C por 30 minutos. Quando a torta estiver pronta, polvilhe sobre ela açúcar de confeiteiro a gosto.

Ingredientes para uma forma redonda de 18 cm

- 130 g de farinha branca
- 150 g de açúcar
- 120 g de manteiga
- 50 g de amêndoas trituradas
- 3 ovos
- 5 g de fermento para doces
- Raspas da casca de 1 limão
- Açúcar de confeiteiro

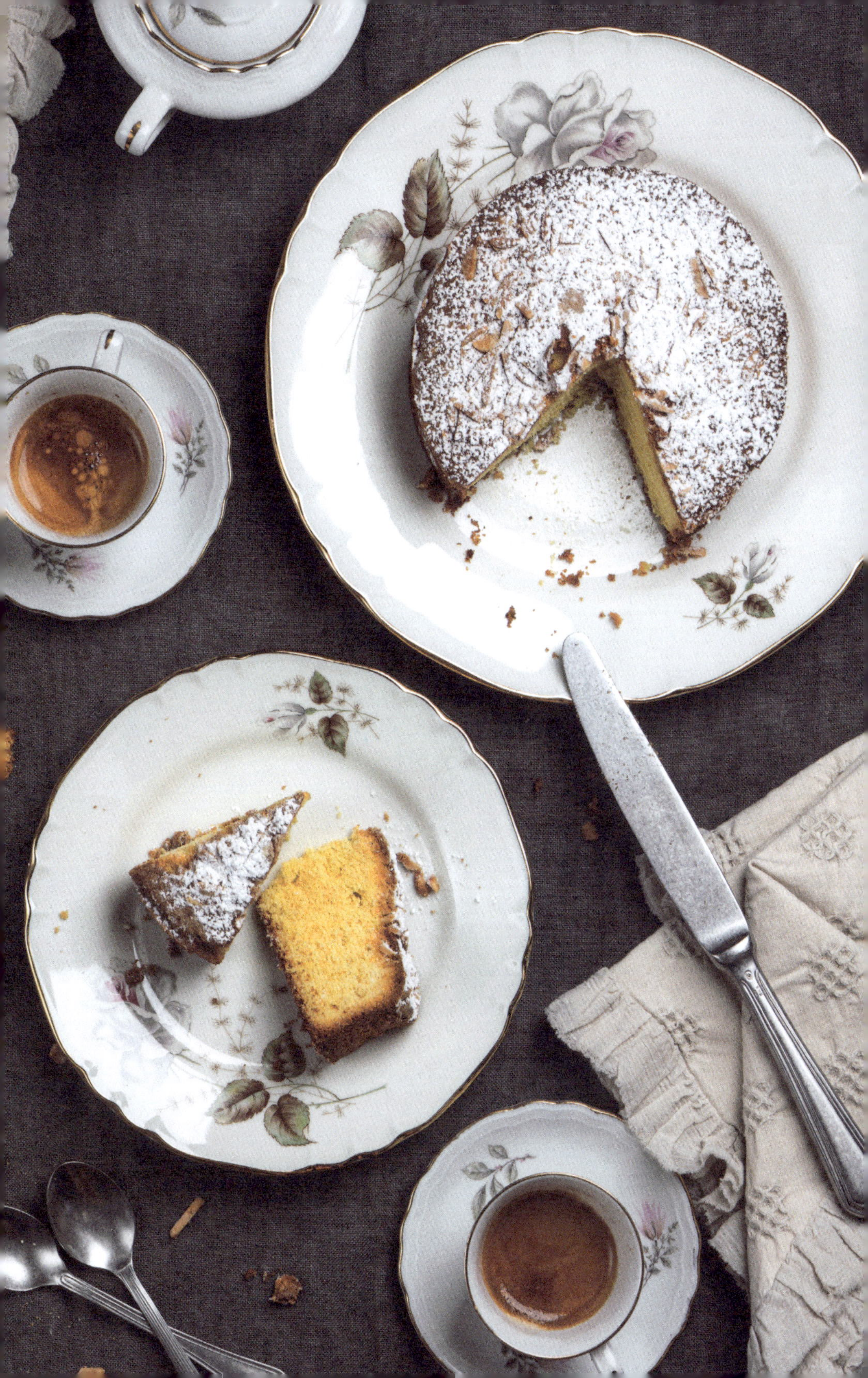

Silvana Bini

Pão com ovo

Quando eu era avó em período integral, um dos lanches preferidos dos meus netos era o pão com ovo. Era um prato supersimples e rápido de preparar: pão e ovo na frigideira. Simone e Gabriele ficavam malucos e devoravam tudo assistindo a desenhos animados na TV. Esta receita também é perfeita para aproveitar o pão amanhecido que sobrou do dia anterior.

Preparo
15 minutos

Dificuldade
● ○ ○ ○ ○

Regue uma frigideira com um fio de azeite e, assim que estiver quente, coloque as fatias de pão.

Abra os ovos e separe as gemas das claras. Despeje as claras sobre as fatias e, assim que ficarem brancas, vire o pão. Agora adicione as gemas e as quebre, de modo que se espalhem pelos dois lados das fatias.

Acrescente uma pitada de sal, deixe mais 2 minutinhos na frigideira e sirva.

Ingredientes para 4 pessoas
- **4** ovos
- **4** fatias de pão
- Azeite de oliva extravirgem
- Sal

Sanduíche de lampredotto com molho verde

Um dos sanduíches que estão mais em alta no nosso food truck é o sanduíche de lampredotto, ou sanduíche de abomaso, um clássico da culinária florentina. Em especial, parece que todos ficam malucos com o meu molho verde, que também casa muito bem com o nosso Fagotto de Chianti. Na verdade, o lampredotto pode ser acompanhado por qualquer molho de que você goste. Em Florença, geralmente, ao molho verde se adiciona um pouco de pimenta.

Preparo
30 minutos

Cozimento
2h30

Dificuldade
● ● ○ ○ ○

Em uma panela com água, coloque a cenoura e o salsão cortados em fatias depois de tê-los lavado muito bem. Quando estiver fervendo, adicione sal e deixe cozinhando por cerca de 30 minutos. Depois acrescente o abomaso, que por sua vez precisará ferver por cerca de 2h30.

Passemos agora para o preparo do molho. Cozinhe um ovo. Pique a salsinha. Descasque o alho e pique junto às alcaparras e às anchovas. Quando a mistura estiver homogênea, adicione tudo à salsinha picada.

Quando o ovo estiver cozido, extraia a gema e a adicione à mistura picada, depois mexa por uns 2 minutinhos. Adicione também o azeite, uma pitada de sal e uma pitada de pimenta, até que o molhinho fique encorpado.

Quando o lampredotto estiver cozido, escoe sem jogar fora a água e corte-o em tiras.

Abra o pão no meio e remova um pouco do miolo para acomodar melhor o recheio.

Ingredientes para cada sanduíche

- **1 pão francês** ou pão de água
- **220 g** de abomaso
- **2 filés de anchovas** em azeite
- **1 dente de alho**
- **1 gema de ovo cozida**
- **1 colher de sopa de** alcaparras
- **60 g** de salsinha
- **1 cenoura**
- **1 salsão**
- Azeite de oliva extravirgem
- Sal
- Pimenta-do-reino

Molhe o pão com a água do cozimento, coloque o abomaso cortado com o molho verde e depois feche.

Pergunte ao açougueiro
Diferente da tripa, que é obtida de diversas partes do estômago bovino, o lampredotto é o quarto estômago, o abomaso. É mais escuro e tem um sabor mais pungente que a tripa. Lembre-se de deixar claro para o açougueiro que você quer o abomaso. Para esta receita, a tripa não serve.

Espaguete com almôndegas da nonna

Desta vez vou dar a vocês duas receitas em uma: a receita das minhas lendárias almôndegas e a do espaguete com almôndegas que eu preparava sempre para os meus netos. O espaguete com almôndegas é uma solução esperta para quem tem filhos, porque é um prato dois em um. Geralmente eles preferem a massa e comem carne com a maior má vontade. Eis então que numa tacada só você pode servir para eles uma refeição completa e depois deixar que corram livres para brincar.

Preparo
45 minutos

Dificuldade
● ● ○ ○ ○

E m uma vasilha, junte a carne moída, a linguiça em pedaços, o ovo, o parmesão, o miolo de pão, o orégano, a salsinha, o sal e a pimenta. Misture tudo até obter uma mistura homogênea.

Prepare as almôndegas formando com as mãos bolinhas de 4 cm a 5 cm de diâmetro.

Em uma frigideira, aqueça um fio de azeite em fogo baixo. Quando estiver quente, coloque as almôndegas para cozinhar por alguns minutos, até que estejam douradas por fora e cozidas por dentro.

Agora vamos ao molho. Em uma panela, coloque a passata de tomate com um fio de azeite, o manjericão e uma pitada de sal. Adicione as almôndegas e cozinhe em fogo baixo por cerca de 5 minutos, acrescentando também a salsinha picada.

Enquanto isso, coloque a massa em água fervente com sal. Assim que estiver pronta, junte ao molho e às almôndegas, misture e sirva.

Ingredientes para 4 pessoas

Para as almôndegas:

- **220 g** de carne bovina moída
- **120 g** de linguiça (mais ou menos 1)
- **30 g** de miolo de pão
- **40 g** de queijo parmesão
- **1** ovo
- **1** pitada de orégano seco
- Salsinha
- Sal
- Pimenta-do-reino
- Azeite de oliva extravirgem

Para a massa:

- **400 g** de espaguete
- **200 g** de passata de tomate
- Manjericão a gosto
- Salsinha picada a gosto
- Azeite de oliva extravirgem
- Sal

Torta mimosa

Todos os anos, no dia 8 de março, coloco mãos à obra e preparo uma quantidade generosa da minha torta mimosa. Eu me presenteio com uma – porque sou gulosa – e presenteio todas as clientes que a aceitarem. Se nesse dia as mulheres ganham mimosas, nada mais justo que sejam de creme e pão de ló! Talvez eu tenha sempre preferido os doces em vez das flores...

Preparo
1 hora

Forno
20-25 minutos

Dificuldade
● ● ● ● ○

Comece pelo pão de ló. Bata os ovos e o açúcar em uma batedeira por 10 minutos, ou por 15 minutos se for à mão. Enquanto estiver batendo, adicione a farinha aos poucos, a fécula de batata, uma pitada de sal e misture até obter uma massa encorpada e sem pelotas.

Despeje a massa em uma forma untada e espalhe bem. Asse por 20 a 25 minutos a 170 °C em forno preaquecido. Após retirar do forno, deixe esfriar.

Ferva o leite e a casca de limão em uma panela pequena. Depois de alguns minutos, retire a casca, que já terá dado o seu sabor ao leite.

Separadamente, misture o açúcar com o amido de arroz e depois acrescente as três gemas de ovo. Quando tudo estiver bem misturado, acrescente ao leite fervido. Misture mais um pouco e deixe descansar por uns 20 minutos.

Agora, corte um disco do pão de ló. Utilize um molde circular caso tenha um, senão, corte à mão com uma faca.

Corte o disco ao meio no sentido horizontal e abra. Na base, espalhe o creme até formar

Ingredientes para 4 pessoas

Para o pão de ló:
- **5** ovos
- **180 g** de açúcar
- **220 g** de farinha branca
- **50 g** de fécula de batata
- Sal
- Manteiga

Para o creme:
- **250 ml** de leite integral
- **70 g** de açúcar
- **20 g** de amido de arroz
- **3** gemas de ovo
- Casca de **1** limão

uma camada de 0,5 cm de espessura. Cubra com a outra metade do pão de ló e coloque mais uma camada de creme por cima.

Por fim, para dar ao doce a aparência da mimosa, pegue um pouco do pão de ló que sobrou, corte em cubinhos de 1 cm de lado e espalhe pela superfície.

Tortinha da nonna com creme de confeiteiro

E aqui está a minha especialidade. Desde que eu a criei, a tortinha da nonna vende como água, tanto que se tornou a minha marca registrada. Dou asas à minha criatividade e faço os mais diversos recheios, por exemplo, o creme de pistache (ver a receita na pág. 162), mas a tortinha original é com o creme de confeiteiro. Aliás, aproveitando a oportunidade, também vou te ensinar a fazê-lo. Vamos lá!

Preparo
40 minutos

Forno
45 minutos

Descanso
6 horas

Dificuldade
● ● ● ○ ○

Comece pela massa podre. Em um recipiente, coloque a manteiga, as raspas de limão, o açúcar, os ovos e misture bem, eliminando as possíveis pelotas. Adicione por fim a farinha e o fermento. Quando a massa ganhar certa consistência, passe para uma bancada e misture tudo com as mãos por alguns minutos, polvilhando a bancada com farinha. Transfira a massa de volta para a vasilha, cubra com plástico filme e deixe descansar na geladeira por cerca de uma hora.

Em uma panela pequena, despeje as gemas, o açúcar e o amido de arroz e misture bem. Ferva o leite e a casca de limão, depois junte o leite e as gemas e remova a casca. Misture mais um pouco e deixe descansar por 20 minutos.

Após uma hora, pegue a massa podre e a abra com um rolo em uma bancada enfarinhada, de modo que fique com uma espessura de cerca de 2 mm. Unte uma forma com cerca de 15 cm de diâmetro e abra metade da massa por toda a superfície, procurando não criar desníveis.

Recheie com o creme de confeiteiro. Espalhe bem o creme por toda a base, depois cubra

Ingredientes para uma tortinha de 15 cm de diâmetro

Para a massa podre:
- **300 g** de farinha branca
- **100 g** de açúcar
- **160 g** de manteiga
- Raspas da casca de **1** limão
- **2** ovos
- **2 g** de fermento

Para o creme de confeiteiro:
- **300 ml** de leite integral
- **80 g** de açúcar
- **4** gemas
- **20 g** de amido de arroz
- Casca de **1** limão

Para a decoração:
- Amêndoas (ou pinoli, se preferir)
- Açúcar de confeiteiro

com a massa que sobrou. Pressione de leve as bordas para que fique a menor quantidade de ar possível dentro da tortinha. Você pode até fazer furinhos na parte de cima da massa com um garfo.

Espalhe amêndoas a gosto sobre a superfície.

Asse em forno preaquecido a 170 °C por 45 minutos. Quando a tortinha estiver assada, pode cobrir toda a sua superfície com o açúcar de confeiteiro. Deixe esfriar por 4 ou 5 horas antes de servir.

Bolinho de maçã

Sou muito apegada ao meu bolinho de maçã, porque, junto ao meu pudim de arroz, é o doce com o qual esta aventura começou. Desde quando preparava três deles todas as noites para levar até a padaria que Marco tinha acabado de abrir em Castelfiorentino, nunca mais parei de fazê-los e até hoje vendem como água. Já ficou difícil de explicar como os preparo, porque as mãos vão no automático.

Preparo
15 minutos

Forno
40 minutos

Dificuldade
● ● ○ ○ ○

Descasque uma maçã, remova o cabinho e o miolo e a corte em pedacinhos.

Quebre os ovos e os despeje em um recipiente junto ao açúcar. Bata a massa com a ajuda de uma batedeira. Depois que os ovos estiverem batidos, adicione a manteiga e misture. Acrescente o fermento e aos poucos a farinha, sempre misturando, e por último adicione a maçã em pedacinhos e uma pitada de sal.

Despeje a massa em uma pequena forma para forno untada (uma de alumínio descartável também serve).

Limpe e descasque a outra maçã. Corte-a em tiras bem fininhas – você irá decorar a parte de cima do bolinho com elas.

Leve o bolinho ao forno preaquecido a 180 °C por cerca de 30 a 40 minutos. Quando estiver pronto, retire do forno e deixe esfriar.

Ingredientes para 4 pessoas
- **3** ovos
- **350 g** de farinha branca
- **150 g** de manteiga
- **250 g** de açúcar
- **8 g** de fermento
- **2** maçãs
- Sal

5.
A rainha das redes sociais

Em 2022 Marco decidiu comprar um ponto que parecia enorme para mim, eu me perdia lá dentro. Ele queria transformar esse lugar no nosso centro de operações, com os maquinários, o depósito, o laboratório e os escritórios. Quando ficou pronto, para mim parecia um parque de diversões: todos aqueles equipamentos modernos, as amassadeiras, os fornos automatizados...

Desde então, de vez em quando, quando quero descansar um pouco, fico parada na frente de um forno encantada vendo os carrinhos cheios de biscoitos girarem. Checo a cocção, mesmo sabendo muito bem que hoje é tudo computadorizado e que o forno foi pré-programado para parar na hora certa. A família sabe que, quando não me encontram, estou lá. É o meu lugar preferido. O que eu posso fazer? Fico emocionada. **Gosto de ver as coisas que eu faço — e de vê-las crescer.**

No fim de 2022, aquele atentado do meu neto, o Gabriele, começou a me perseguir com o celular, me provocando e filmando tudo o que eu dizia e fazia. Lembro bem a primeira vez que ele me filmou. Gabriele chegou em casa com uma tatuagem enorme, que cobria o braço todo, e perguntou o que eu achava. Enquanto isso, filmava a minha reação.

Não reagi bem. Falei que ele parecia o Fedez, que eu não gostava da tatuagem, que ele tinha feito uma estupidez pintando aquele braço de preto que não saía mais, ainda mais injetando debaixo da pele substâncias que faziam mal. Ele ria e me provocava: "Dá pra apagar sim, vai lá, pega a borracha!", e eu ficava mais brava ainda. "Mas será possível que você só vem aqui pra essas coisas, e perguntar como eu estou?" Foram vários dias assim. Por fim, Gabriele me perguntou se podia publicar o vídeo no TikTok só por diversão. Respondi que sim, mas não tinha ideia do que ele estava falando. Depois entendi. Em pouco tempo, um monte de pessoas tinha assistido, sobretudo amigos e conhecidos, e todos diziam que eu os fazia morrer de rir e que eu era "demais", pela sabedoria e energia que eu tinha naquela idade. Gabriele me mostrou os comentários e a primeira coisa que pensei em dizer foi: "Essa gente não tem nada melhor pra fazer além de assistir a uma tonta como eu?".

Depois, certo dia, em agosto de 2022, Gabriele veio e disse: "Vó, o *Bake Off Italia* ligou pra gente!".

"Quem ligou?"

"Vó, a televisão! Querem que a gente participe de um programa de confeitaria."

"Que tolos, nós não somos confeiteiros!"

No fim, me convenci. Partimos com grande pompa. Eu, Marco e Gabriele. O local das gravações era a Villa Borromeo, em Arcore. No lugar da bagagem, levei comigo o carrinho de compras.

Nem vou dizer para vocês qual foi a sensação de entrar em um estúdio de televisão, eu, que quando era criança, assistia à TV no bar de Montespertoli, contornando as cabeças e usando muito a imaginação. A gente estava cercado por câmeras, máquinas fotográficas e hastes com microfones. Havia muitas pessoas, e um senhor que nos dava indicações do que fazer, onde ficar para nos enquadrarem bem... me senti grata. Naquele estúdio havia pessoas que gostavam daquilo que fazíamos, que achavam válido, e estavam gravando um programa destinado a um público que pensava a mesma coisa. Não me incomodavam, pelo contrário, talvez eu os incomodasse, porque de vez em quando falavam para eu ficar parada. Mas eu nunca tinha estado na TV, precisava entender como tudo funcionava. Na verdade, a primeira coisa que pensei assim que entrei no estúdio foi: "Meu Deus, que calor!". Estava morrendo de calor, mas repetia para mim mesma: "Aguenta firme!".

O programa era o *Bake off Italia: The Professionals*. Fomos apresentados aos outros concorrentes, à apresentadora, Benedetta

Parodi, e aos juízes, que eram todos confeiteiros de enorme fama: Ernst Knam, Tommaso Foglia e Damiano Carrara. Em jogo estava o título de melhor família de confeiteiros da Itália e a participação em uma *masterclass* de confeitaria. As outras famílias eram boas, sem dúvida. Todas eram especializadas em confeitaria havia muitas gerações. Fomos eliminados no fim do primeiro episódio. Fiquei mal, mas eu tinha dito desde o começo que aquele programa não era para nós.

No fim, Carrara me cumprimentou pela massa podre e queria a receita a todo custo. "O segredo são os ovos frescos", respondi, sem dizer mais nada. Seu reconhecimento foi a minha consolação, e foi o suficiente para mim.

Foi, de qualquer modo, uma experiência positiva. Conhecemos ótimas pessoas, mas especialmente porque o *Bake Off* foi o início de tudo que veio depois. Pelo jeito, as pessoas gostavam tanto de mim que em dezembro Gabriele criou um perfil só para mim – primeiro no TikTok e depois também no Instagram. Todos os dias chegava uma enxurrada de mensagens. Diziam que eu era simpática, uma força da natureza, uma pessoa simples e que sabia muito mais do que gente mais jovem e estudada do que eu. E também gostavam das minhas receitas, as mesmas que eu preparava desde sempre: os cantucci, os ricciarelli, os biscoitos para as crianças, o pão com ovo que eu sempre fazia para os meus netos quando eram pequenos... **Passados vinte dias, eu estava com 100 mil seguidores no Instagram e quase 230 mil no TikTok.** "Mas então vocês são umas bestas de verdade!", falei quando me mostraram aqueles números. Nem preciso dizer, Gabriele fez um post com a minha exclamação.

Ele passou a me importunar todos os dias com esses vídeos. Eu não podia me mexer que lá estava ele. Pedia para eu falar sobre mim e mostrar o que eu estava preparando, até mesmo para dar as minhas receitas. Imagina! Eu respondia sempre que não. E ele, inabalável, me filmava enquanto eu contemplava os fornos, enquanto preparava as massas..., me pegou até mesmo enquanto eu comia um pouco de açúcar durante o preparo dos biscoitos. Veja você, na minha idade não posso nem mesmo me permitir uma pequena transgressão na santa paz.

No começo eu me irritava e o tratava mal. Eu tinha mais o que fazer. E ele também, por que perdia tempo com aquele telefone em vez de ajudar? Não sabia que tínhamos um monte de encomendas para preparar? Mas depois, admito, os vídeos se transformaram em uma espécie de esquete entre nós dois, em que ele me provoca e eu falo para ele sumir da minha frente. Sempre fomos assim, eu e ele. É o nosso jeito de dizer que nos amamos.

Depois da Real Time, vieram outras emissoras: RAI, Mediaset, Tv2000... todas queriam me entrevistar. Na padaria começaram a aparecer cada vez mais fãs, curiosos para me conhecer. Enquanto isso, fiquei famosa inclusive no exterior, especialmente na América do Sul, onde gostam das minhas receitas. Muitos agora me reconheciam e me paravam na rua: "Ah, a senhora é a avó do TikTok! Sabia que eu sigo a senhora? Te admiro muito!".

Algum tempo atrás, em uma feira do setor, vi um belo rapaz de olhos azuis vir ao meu encontro. Era Luca Montersino, aquele confeiteiro que aparece na TV. Apertou a minha mão e apresentou a sua família. Falou que me seguia. Eu não sabia o que responder.

Inclusive, recebi o prêmio Excelência Italiana 2023 e um da Associação Italiana de Cozinheiros. No certificado está escrito: "Por ter contribuído na divulgação da boa cozinha italiana no mundo". Por um lado, fiquei comovida. Um reconhecimento não apenas aos meus doces, mas à minha prática culinária. **Por outro lado, me perguntava: "Por que dar um prêmio a uma velhinha de 82 anos que trabalha que nem um cão?". Mas talvez o que seja premiado seja justamente o trabalho...**

Já tem algum tempo que me tornei inclusive uma marca registrada, com um logo que me representa estilizada segurando um rolo de massa na mão.

Está bem, admito, fico contente com tudo isso, mesmo que a cada vídeo, a cada comentário nas redes sociais, a cada foto

Receitas de uma nonna

que eu faço com o meu público, eu fique um pouco comovida e um pouco surpresa. Ainda continuo me perguntando: "O que eu fiz para merecer tudo isso?". E de fato, eu não fiz nada sozinha, é um trabalho de equipe, no qual cada um tem o seu papel e todos se empenham ao máximo – a minha família e os nossos colaboradores, que para mim fazem parte da família. E também Giovanni, que sempre aparece para nos ajudar.

Eu falo sempre que nesse trabalho, depois do "amor" e da "paixão", a terceira palavra é o "sacrifício". Você sabe quando vai chegar à padaria, mas nunca quando vai embora. Pode ficar ali por doze, dezesseis, até dezoito horas. Sabe de quantos jantares, almoços e aniversários tive que abdicar ao longo dos anos? **Aos 82 anos, nunca faltei um dia no trabalho. E ao Senhor peço sempre: "Deixe-me trabalhar enquanto estiver viva".**

Muitos me dizem que sou um exemplo para os mais jovens. Pois é, às vezes é difícil transmitir esse conceito para as novas gerações, mas se você não se empenhar, vai chegar à minha idade de mãos vazias: sem um trabalho e sem instrução. Porque se você não planta quando é jovem, depois não colhe. Hoje os jovens buscam um salário, mas o que importa de verdade é estar sereno e feliz. Empenhe-se, e depois, com o tempo, e só com o tempo, virá alguma recompensa, e então você verá que terá valido a pena. É como eu sempre digo aos meus netos: lembrem-se que o Paraíso não é para os tolos!

A minha alegria hoje é ouvir que fiz alguma coisa boa: dos clientes, de quem me segue e especialmente daqueles que amo. Isso é o suficiente para me fazer feliz. Não esperava esse sucesso todo, não o procurei e não sei quanto irá durar, mas não me interessa. Todas as manhãs, às seis, quando me levanto, tenho só uma coisa em mente: ir à padaria e colocar a mão na massa com a minha família. Foi assim até agora, e será assim para sempre.

As receitas

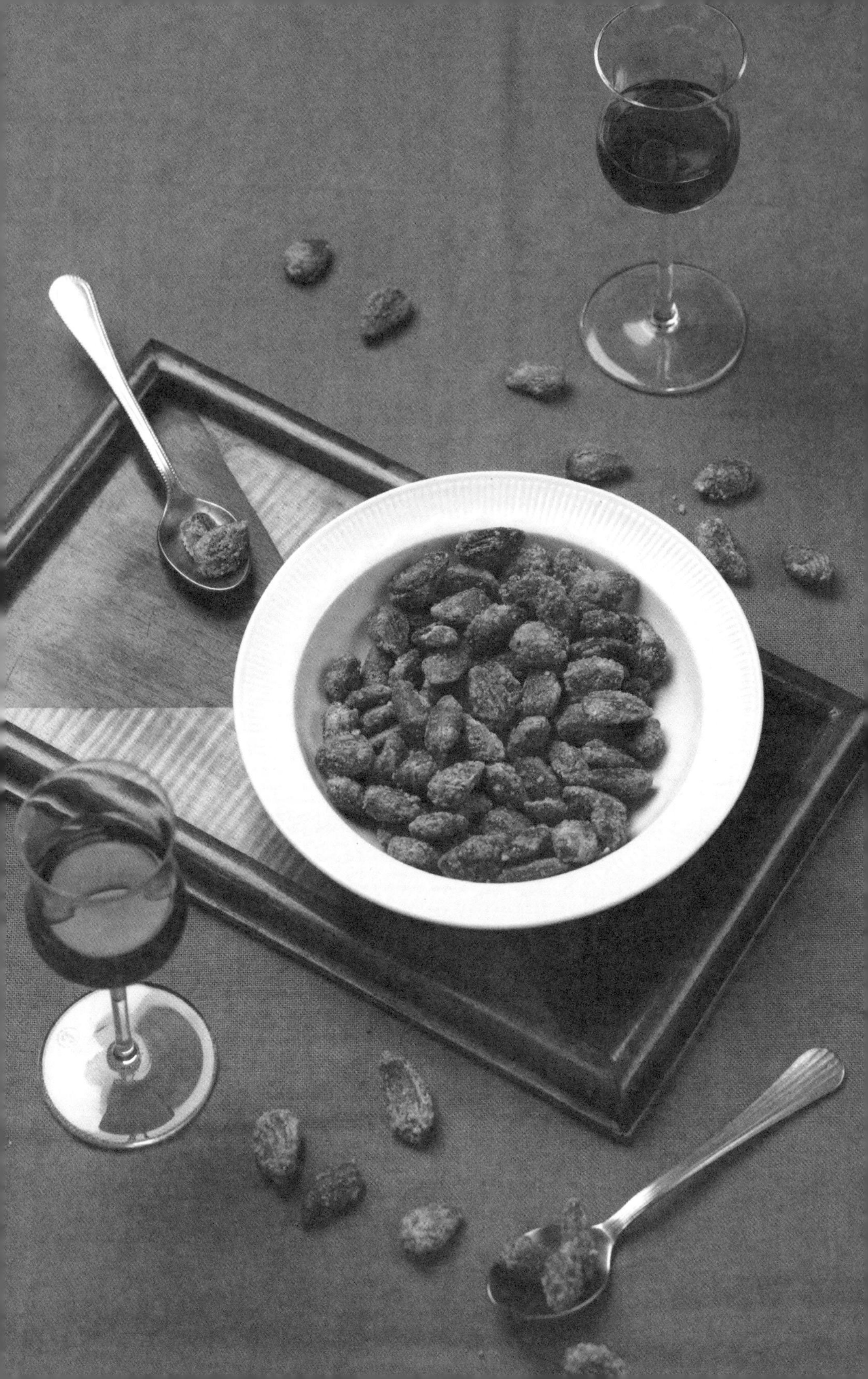

Boa noite, sogra

Confesso, sou doida por essas amêndoas caramelizadas. Quando estou na padaria, de vez em quando preparo algumas e levo para casa para ficar chupando no sofá à noite enquanto vejo televisão. Por isso elas se chamam "boa noite, sogra": quando idosas a ponto de não conseguirem mais mastigá-las, as sogras são obrigadas a deixar que elas se dissolvam na boca por tanto tempo que acabam pegando no sono, finalmente deixando em paz os namorados e maridos das filhas.

Preparo
15 minutos

Dificuldade
● ○ ○ ○ ○

Despeje 50 ml de água em uma frigideira e adicione o açúcar e as amêndoas. Cozinhe em fogo baixo até que tudo fique cristalizado e você tenha obtido um caramelo após a água ter evaporado. Nesse momento, transfira as amêndoas para um prato forrado com papel-manteiga e espere que esfriem.

Ingredientes para 4 pessoas
- **50 ml** de água
- **180 g** de açúcar
- **225 g** de amêndoas com a pele

Frutos diferentes... para tipos diferentes de sogra

Os "Boa noite, sogra" podem ser feitos com outros tipos de oleaginosas. No lugar das amêndoas você pode usar o pistache, a avelã ou o amendoim.

Carolina com creme de pistache

Não se sabe quem, se franceses ou italianos, inventou a carolina. A massa choux, com a qual é feita, seria toscana, mas foram os franceses que deram a ela o formato de carolina, que pode ser recheada com vários tipos de creme, não necessariamente doces. As carolinas, na verdade, podem ser recheadas também com cremes salgados, como a clássica feita de queijo cremoso e presunto cozido.

Preparo
1 hora

Molho
2 horas

Forno
30 minutos

Dificuldade
● ● ● ● ○

P rimeiro de tudo, coloque o pistache de molho por 2 horas em uma vasilha cheia de água.

Agora dedique-se à massa. Em uma panela de fundo grosso, coloque 100 ml de água, a manteiga, a farinha, o açúcar e o sal. Misture tudo até ferver, depois desligue o fogo. Em uma vasilha, bata os ovos — que você irá juntar aos outros ingredientes na panela. Então acenda de novo o fogão em fogo baixo, sempre misturando bem rápido até obter uma massa lisa e homogênea. Desligue e deixe repousar por 10 minutos.

Forre uma forma com papel-manteiga, depois transfira a massa para um saco de confeitar com um bico liso de 12 mm a 14 mm. Monte porções na forma do tamanho de uma noz e distantes o suficiente uma da outra, porque elas crescerão no forno.

Leve ao forno preaquecido a 200 °C e asse por 10 minutos, depois abaixe a temperatura para 160 °C e deixe as carolinas assando por mais 20 minutos. Verifique o cozimento de vez em quando: elas têm que ficar douradas, porém macias.

Ingredientes para 20 carolinas

Para a massa:

- **80 g** de farinha branca
- **80 g** de manteiga
- **20 g** açúcar
- **2** ovos
- **1 colher** de chá de sal
- **100 ml** de água

Para o creme de pistache:

- **100 g** de pistache
- **50 g** de açúcar de confeiteiro
- **1 colher** de sopa de óleo de sementes

Receitas de uma nonna

Desligue o forno e deixe as carolinas lá dentro por mais 5 minutos para que sequem bem. Depois deixe que esfriem do lado de fora.

Enquanto isso, prepare o creme de pistache. Passado o tempo do demolho, escoe os pistaches e os transfira para o copo do mixer ou liquidificador, que precisa ser potente o suficiente para transformá-los em um creme. Adicione o açúcar de confeiteiro e o óleo de sementes. Bata na potência máxima até que os pistaches primeiro se transformem em uma espécie de farinha, depois em um creme, à medida que soltam o próprio óleo. Leva tempo, por isso, para evitar que o creme superaqueça, faça o processo em etapas.

Coloque o creme em um saco de confeiteiro com um bico de seringa e recheie as carolinas. Por fim, se você quiser, pode polvilhar açúcar granulado por cima.

Uma ideia a mais

Caso você queira um creme de pistache ainda mais saboroso, pode misturá-lo com creme de confeiteiro (veja a receita na pág. 147).

Biscoito pascal

Chamei esse biscoito de "pascal" porque o fiz pela primeira vez na Páscoa e em formato de coelho. Pensando bem, no entanto, ele é mais pós-pascal, porque é perfeito para reaproveitar os ovos de chocolate (que sempre sobram), contanto que sejam meio amargos.

Preparo
30 minutos

Forno
10 minutos

Dificuldade
● ● ○ ○ ○

Em um recipiente, quebre os ovos, acrescente a manteiga em pedacinhos, uma pitada de sal, o açúcar de confeiteiro, a farinha, as raspas de laranja e o fermento. Misture tudo até obter uma massa uniforme. Deixe descansar na geladeira por 15 minutos.

Com um rolo, abra a massa até formar uma camada de cerca de 0,5 cm. Caso você tenha um cortador de biscoito, pode fazer os biscoitos em formato de coelho, caso contrário pode fazer no formato que quiser, inclusive cortando a massa podre com uma faca. Lembre-se de que, como são biscoitos, não podem ficar muito grandes!

Leve os biscoitos ao forno a 180 °C por cerca de 10 minutos.

Quebre o chocolate em pedacinhos, coloque em um recipiente e derreta no micro-ondas até ficar completamente líquido. Caso você não tenha micro-ondas, derreta em banho-maria ou em uma panelinha em fogo muito baixo, mexendo sempre para não queimar.

Quando estiverem assados, mergulhe os biscoitos até a metade no chocolate derretido, coloque-os em uma travessa e deixe que esfriem.

Ingredientes para 10 biscoitos

- **2** ovos
- **110 g** de açúcar de confeiteiro
- **170 g** de manteiga
- **1 colher** de sopa de raspas de casca de laranja
- **300 g** de farinha branca
- **2 g** de fermento
- **100 g** de chocolate meio amargo
- Açúcar granulado
- Sal

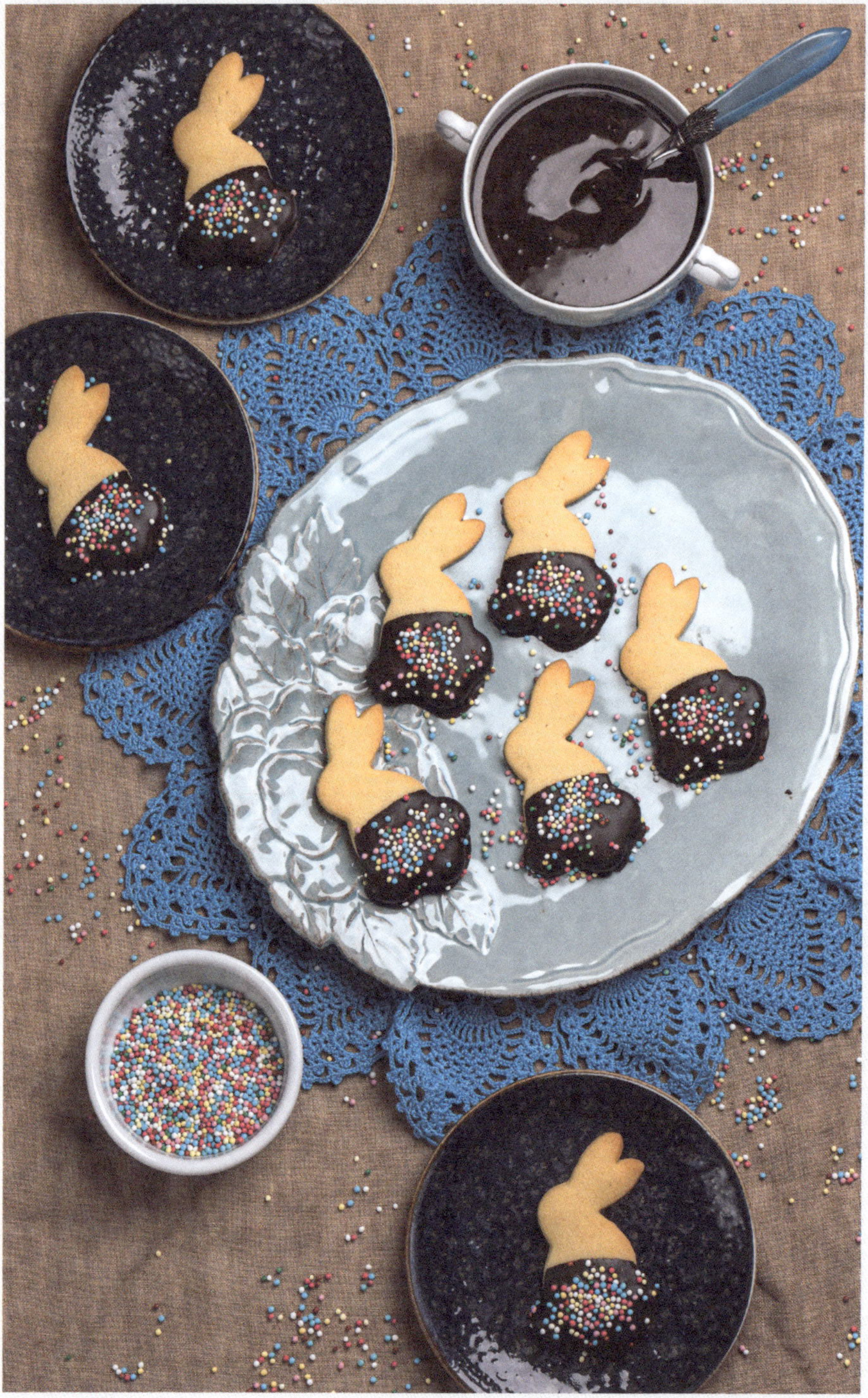

Se você quiser deixá-los bem bonitinhos, mergulhe um palito no chocolate para fazer os olhos e finalize com uma polvilhada de granulado enquanto o chocolate ainda estiver quente.

> ### Ouro que derrete... com o banho-maria
> Se você não tiver micro-ondas (ou se preferir não usá-lo), pode derreter o chocolate esquentando em banho-maria. Basta imergir o recipiente onde estão os pedacinhos de chocolate em uma panela maior cheia de água e depois colocá-la no fogo. Parece que esse sistema foi inventado no século III pela alquimista Maria d'Alessandria — de onde deriva o nome "banho-maria" — para aquecer e destilar o ouro dos outros metais.

Brutti ma Buoni

Esse biscoito é super-rápido de preparar e muito nutritivo graças à avelã. Mas vou dizer a verdade: não é por serem nutritivos que, de vez em quando, enquanto os preparo na cozinha, eu como alguns; é porque são deliciosos. Além disso, aconselho sempre aos clientes que me pedem alguma coisa para os celíacos, porque não contêm farinha.

Preparo
30 minutos

Forno
10 minutos

Dificuldade
● ● ○ ○ ○

Bata as claras em neve, depois acrescente o açúcar, a farinha e as avelãs e siga misturando por alguns minutos. A consistência deverá ficar pegajosa e bastante densa.

Faça pequenas bolinhas com a massa e as coloque em uma forma forrada com papel-manteiga. Você pode criar o formato que preferir — como sair, saiu —, porque a massa tende a endurecer bem rápido. Leve os "feios, mas bons" ao forno preaquecido a 180 °C por cerca de 10 minutos.

Ingredientes para 4 pessoas
- **4** claras de ovo
- **100 g** de açúcar
- **250 g** de farinha de avelã
- **100 g** de avelãs picadas

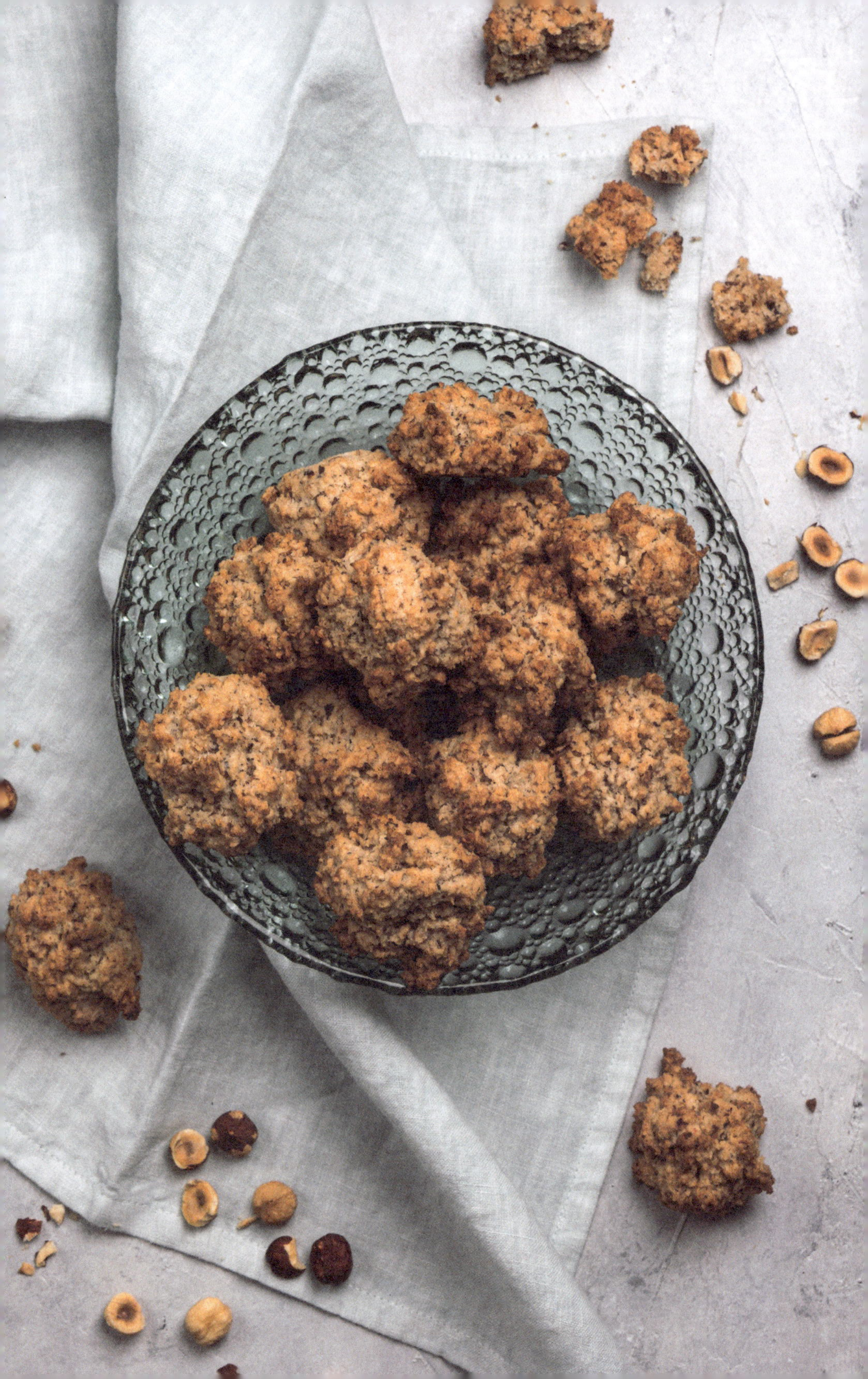

Acebolada de carne bovina

A acebolada antigamente era feita quando a carne do cozido sobrava. A gente cozinhava a carne de novo com muita cebola e ficava uma delícia. E de fato, de vez em quando meus netos pedem para que eu a faça, mas com carne em cubinhos fresca, porque eles são chiques e nunca preparam um cozido. Então eu preparo a acebolada, colocando bastante cebola, pelo menos desse jeito eles também comem um pouco de legumes.

Preparo
30 minutos

Cozimento
3 horas

Dificuldade
● ● ○ ○ ○

Descasque as cebolas removendo as camadas mais externas e corte-as em tirinhas não muito pequenas. Em seguida, coloque as cebolas em uma frigideira com azeite e deixe refogar lentamente com uma pitada de sal.

Limpe o alho, lave as folhas de sálvia, pique tudo e adicione às cebolas que estão sendo preparadas. Agora, acrescente a carne e siga com o cozimento. Quando a carne estiver no ponto certo, adicione o vinho tinto e deixe evaporar. Você vai saber que ela está no ponto certo quando escurecer. Você também pode experimentar com uma faca ou garfo: precisa estar macia, mas não desmanchando.

Adicione a passata e espere que ela reduza, então desligue o fogo.

Sirva o ensopado acompanhado de uma fatia de pão fresco.

Ingredientes para 4 pessoas
- **4** cebolas
- **120 ml** de azeite de oliva extravirgem
- **250 g** de carne bovina em cubinhos
- **100 ml** de vinho tinto
- **400 g** de passata de tomate
- **4-5** folhas de sálvia
- **2** dentes de alho
- **4** fatias de pão
- Sal

E uma cenourinha, não vamos colocar?
Se você gostar, junto à cebola pode colocar também uma cenoura picadinha, que vai dar um toque de sabor a mais.

Croissant folhado recheado de presunto e muçarela

Tem uma festa de aniversário chegando, ou talvez você esteja em busca de um aperitivo criativo? Esse croissant folhado não foi feito para satisfazer vontades que surgem do nada, porque seu preparo leva tempo. Mas, se você se organizar, vai ter um petisco que agradará a todos, adultos e crianças.

Preparo
1 hora

Descanso
2 horas

Forno
10-15 minutos

Dificuldade
● ● ● ● ○

Misture cerca de 50 g de farinha e a manteiga em uma vasilha. Não use as mãos, pois o calor corporal pode estragar a massa. Quando a massa estiver homogênea e uniforme, coloque tudo sobre uma folha de papel-manteiga e enrole.

Com um rolo, abra a massa até que ela ganhe um formato retangular, com cerca de 0,5 cm de altura, e leve à geladeira coberta com plástico filme.

Misture a farinha que sobrou com cerca de 90 ml de água fria e uma pitada de sal. Mexa tudo até que a mistura fique homogênea. Coloque a massa em uma superfície enfarinhada e, com um rolo, pressione-a para que adquira uma forma retangular com cerca de 0,5 cm de altura.

Agora, pegue a massa com manteiga que estava na geladeira e a coloque no centro da segunda massa. Usando as mãos, esmague a

Ingredientes para 8 croissants pequenos

- **200 g** de farinha branca
- **130 g** de manteiga
- **320 g** de presunto cozido
- **1** muçarela fresca (ou 1 e meia, a gosto)
- **90 ml** de água fria
- Sal

massa com manteiga de modo que fique com a mesma espessura que a outra.

Passemos agora à dobradura. Pegue os dois lados mais compridos da massa que está embaixo e dobre em direção ao centro, cobrindo a massa com manteiga. Com o rolo, pressione tudo, buscando obter mais um retângulo.

Na sequência, pegue os lados mais curtos do retângulo e dobre em direção ao centro, formando um novo retângulo menor, e, por fim, dobre esse retângulo ao meio, como um livro.

Abra tudo mais uma vez com o rolo até obter outro formato retangular. Repita o processo das dobraduras mais duas ou três vezes, deixando a massa descansar por 15 minutos na geladeira entre uma dobra e outra. Quando terminar, envolva a massa com plástico filme e a deixe descansar na geladeira por cerca de duas horas.

Enquanto isso, corte a muçarela em pedacinhos e deixe que escoe em um coador. Você pode apertar os pedacinhos bem de leve com uma colher para acelerar o processo.

Pegue a massa folhada da geladeira e a esmague com o rolo, procurando dar a ela um formato redondo com cerca de 0,5 cm de altura. Você pode usar uma faca para desenhar um formato mais regular, cortando a massa em excesso.

Corte a massa folhada em oito fatias iguais, como se estivesse cortando uma pizza. Pegue o presunto e a muçarela e coloque o recheio no meio de cada fatia. Enrole as fatias começando pela borda externa até chegar na ponta, para que elas fiquem com o formato clássico do croissant.

Agora coloque para assar em forno preaquecido a 180 °C por cerca de 10 a 15 minutos, até que os croissants estejam dourados.

A minha massa folhada

Você pode usar a receita para croissants que acabei de te dar em outros pratos — doces ou salgados. Por exemplo, no *Folhado de maçã e canela* da pág. 183 ou para croissants doces, perfeitos para o café da manhã e que podem ser recheados como você quiser.

Pão de ramerino

Ramerino no dialeto toscano nada mais é que alecrim, que nesse caso é usado para dar um sabor a mais ao pão. Só assim já seria gostoso, mas, além disso, neste pão do nosso dia a dia também vai uva-passa. Essa antiga receita é perfeita para um jantar no qual você deseja dar um toque de elegância. Colocar esse pãozinho ao lado do prato de cada convidado será o toque a mais que surpreenderá todos.

Preparo
35 minutos

Fermentação
4 horas

Forno
20 minutos

Dificuldade
● ● ● ○ ○

Coloque as uvas-passas de molho em uma vasilha com água o suficiente para cobri-las por inteiro.

Destaque as folhas de alecrim do ramo e as refogue com azeite em uma frigideira pequena até que fiquem douradas. Então desligue o fogo e deixe descansar.

Em uma vasilha grande, dissolva a levedura de cerveja com cerca 150 ml de água morna e adicione primeiro a farinha, misture bem, e depois acrescente os 50 g de açúcar, o sal e as uvas-passas bem espremidas. Escoe as folhas do alecrim com um coador, acrescente à massa e misture com as mãos até obter uma consistência elástica. Só no fim despeje os 100 ml de azeite de alecrim para intensificar o aroma.

Deixe a massa fermentar por mais ou menos 4 horas, à temperatura ambiente se estiver fresco, ou na prateleira mais baixa da geladeira, cobrindo a vasilha com plástico filme.

Após esse tempo, prepare uma bancada enfarinhada ou uma tábua de madeira e

Ingredientes para 10 pãezinhos

- **300 g** de farinha branca
- **10 g** de levedura de cerveja fresca
- **50 g** de açúcar
- **50 g** de açúcar mascavo
- **1** colher de chá de sal
- **150 g** de uvas-passas
- **4-5** raminhos de alecrim
- **100 ml** de azeite de oliva extravirgem
- **150 ml** de água morna

transfira a massa para essa superfície. Divida-a em dez partes, as quais você moldará no formato de dez pãezinhos redondos.

Com uma faca, faça uma cruz em cima de cada um deles. Depois os coloque em uma forma forrada com papel-manteiga e asse por 20 minutos em forno preaquecido a 180 °C.

Em uma panela pequena, prepare uma calda de açúcar fervendo, em fogo baixo, 50 g de açúcar mascavo em 50 ml de água. Pincele os pãezinhos com a calda quando estiverem prontos.

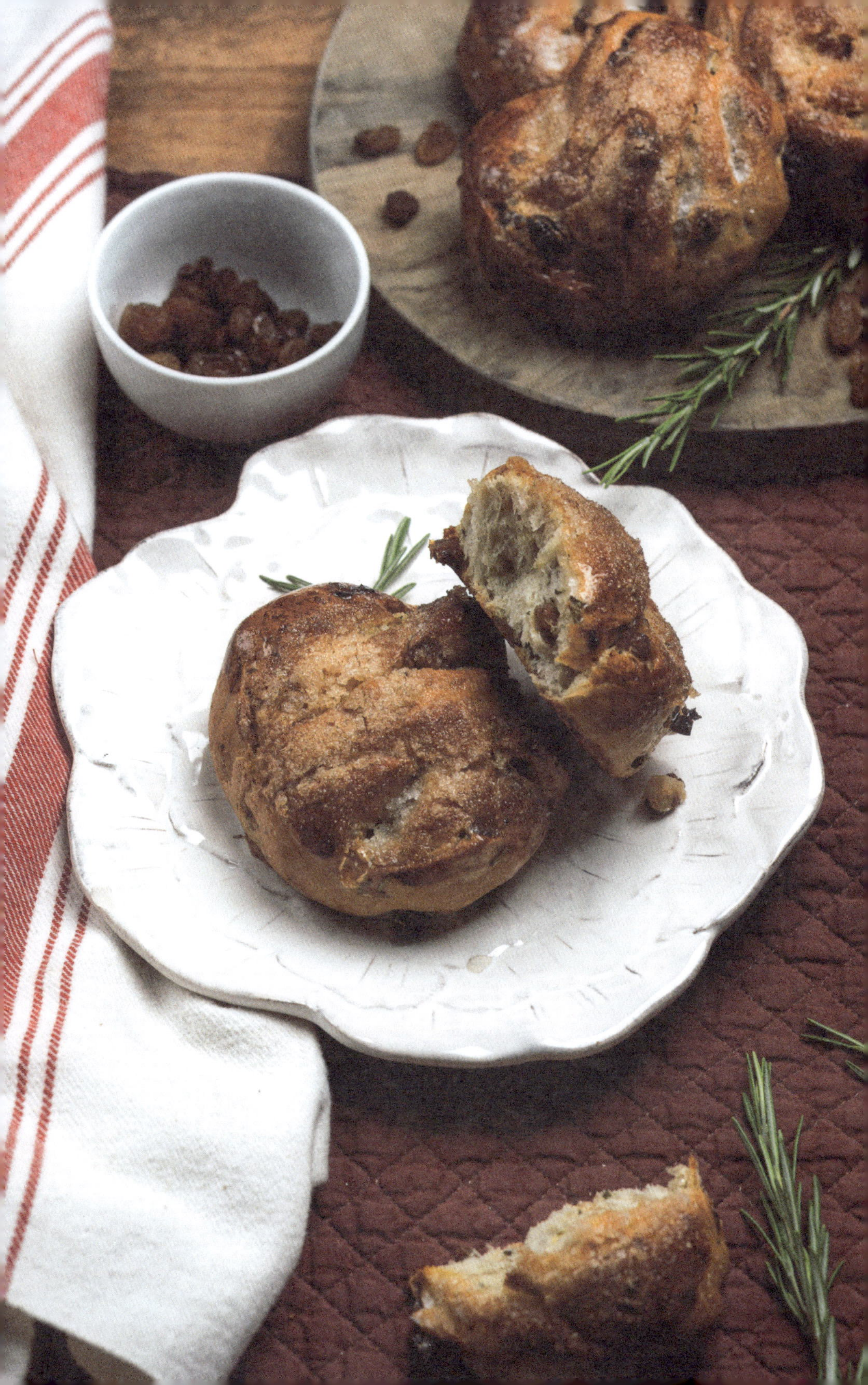

Papa de tomate com frutos do mar

Todos conhecem a papa de tomate, mas você já experimentou a versão com frutos do mar? O processo é o mesmo, é só adicionar os frutos do mar de que você mais gosta. O resultado é um prato único que é meio caminho entre a papa de tomate clássica e uma sopa de frutos do mar.

Preparo
45 minutos

Dificuldade
● ● ○ ○ ○

Peça para o seu vendedor de peixe de confiança limpar os frutos do mar para você. Em casa, corte tudo em pedaços não muito pequenos. Corte também os pedaços de pão, de modo a obter de cinco a seis pedaços por filão.

Descasque o alho e pique com uma faca.

Em uma frigideira, esquente um fio de azeite e refogue o alho picado por cerca de 2 minutos. Depois adicione a passata de tomate, o sal, uma pitada de pimenta e misture. Deixe cozinhar em fogo baixo por 10 minutos.

Enquanto isso, em outra frigideira, esquente outro fio de azeite. Quando estiver quente, adicione os frutos do mar e cozinhe em fogo baixo por 8 minutos, misturando para não queimar.

Volte para a primeira frigideira. Quando o tomate tiver secado, adicione o pão, cerca de 500 ml de água e ferva. Quando estiver fervendo, coloque os frutos do mar nessa frigideira, misture e deixe cozinhar em fogo

Ingredientes para 4 pessoas
- **650 g** de frutos do mar variados (lula, choco, mexilhão, camarão)
- **300 g** de pão
- **400 g** de passata de tomate
- **3** dentes de alho
- Manjericão
- Azeite de oliva extravirgem
- Sal
- Pimenta-do-reino

médio-baixo por 5 minutos. Desligue o fogo e, com as mãos, despedace algumas folhas de manjericão na frigideira.

> **Como você mais gostar**
> Nesta receita eu usei lula, choco, mexilhão e camarão, mas você pode escolher outros frutos do mar e peixes dependendo do seu gosto. O rascasso, o bacalhau ou o tamboril, por exemplo, são peixes típicos de sopas. Lembre-se de prestar atenção ao tempo de preparo, que varia de peixe para peixe. Geralmente, a lula e o choco são os primeiros a ser colocados, enquanto os peixes com espinha são colocados mais perto do final do preparo para evitar que desmanchem (espalhando a espinha no molho).

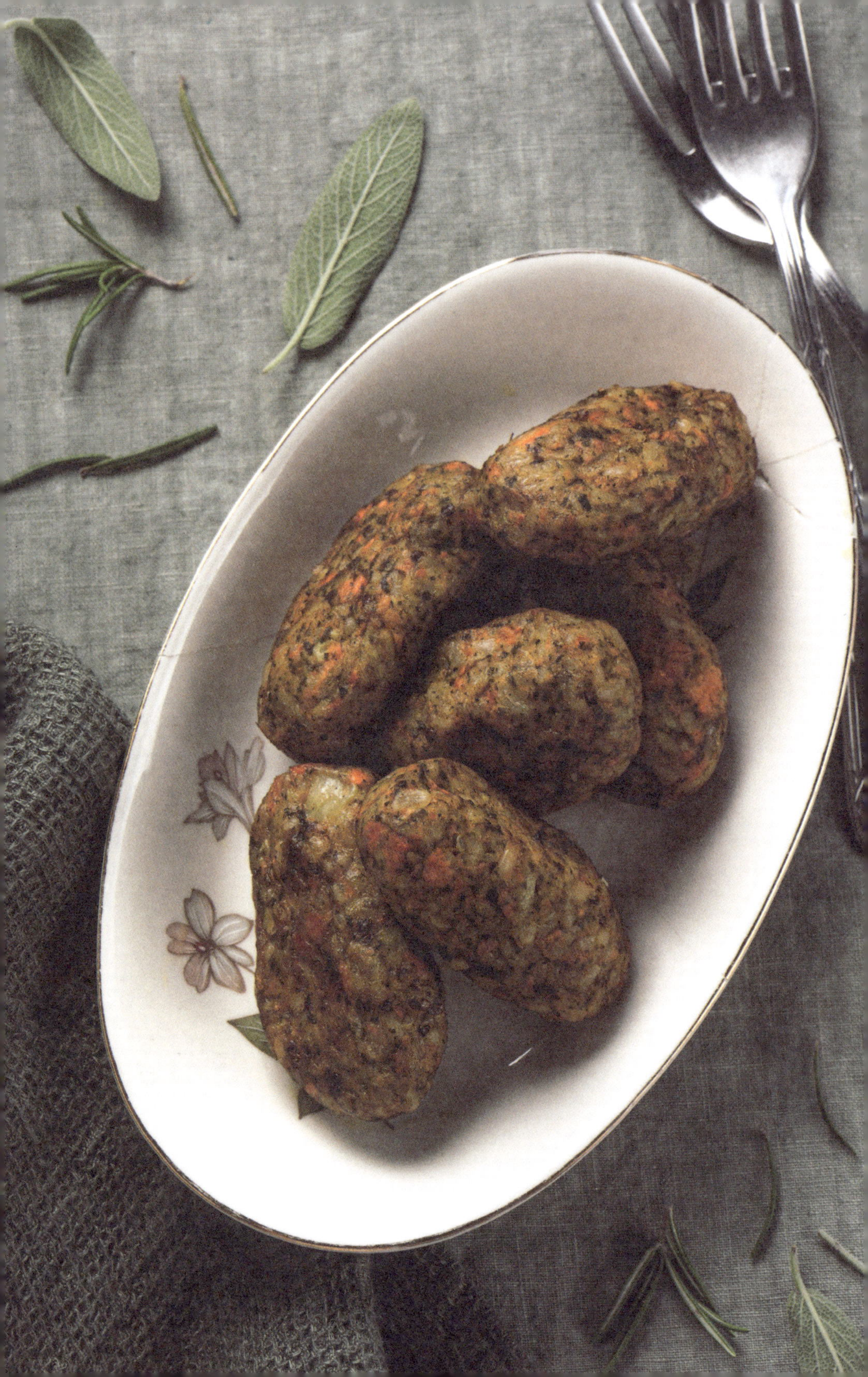

Almôndega vegetariana

Este prato é ideal para os vegetarianos e para quem apenas deseja experimentar uma almôndega um pouquinho diferente, mais leve em relação à de carne. Preparada com queijo e frita, irá agradar até mesmo aquela pessoa que geralmente não gosta de vegetais. Durante a primavera, é um jeito diferente e atraente de desfrutar dos legumes da estação.

Preparo
30 minutos + 45 minutos para cozinhar as batatas

Dificuldade
● ● ○ ○ ○

Ingredientes para 4 pessoas
- **4** batatas
- **150 g** de ervilha enlatada
- **2** cenouras
- **2** abobrinhas
- **3** ovos
- **1** dente de alho
- **1** maço de salsinha
- **100 g** de queijo ralado
- Farinha de rosca
- Azeite de oliva extravirgem
- Sal
- Pimenta-do-reino
- Óleo

Lave bem as batatas, coloque-as em uma panela com água quente e ferva por 45 minutos. Quando estiverem completamente cozidas, descasque-as ainda quentes e amasse em uma vasilha (de preferência com um amassador de batatas).

Descasque as cenouras, lave as abobrinhas e pique tudo. Esmague o alho e pique a salsinha. Esquente um fio de azeite e refogue o alho em uma frigideira por cerca de 5 minutos. Quando o azeite estiver quente, adicione as cenouras, as abobrinhas, as ervilhas escoadas, uma pitada de sal e pimenta, e deixe cozinhar de 5 a 10 minutos em fogo médio-baixo, sempre misturando e de olho para que os vegetais não queimem.

Deixe os vegetais esfriarem por alguns minutos e acrescente a salsinha.

Na vasilha com as batatas amassadas, adicione um ovo, o queijo e os vegetais refogados e misture. Monte almôndegas de 4 cm a 5 cm de diâmetro com a massa obtida.

Bata os outros dois ovos em um prato. Em outro prato, despeje a farinha de rosca.

Passe as almôndegas, uma por uma, primeiro nos ovos e depois na farinha.

Esquente o óleo em uma frigideira grande e, quando estiver bem quente, mergulhe as almôndegas — certifique-se de que estejam completamente submersas no óleo. Quando estiverem crocantes e douradinhas por fora, coloque as almôndegas para escorrer um pouco no papel-toalha. Por fim, adicione uma pitadinha de sal e sirva ainda quentes.

Você já experimentou as almôndegas com molho?

Caso sobrem, no dia seguinte você pode requentá-las com molho de tomate, vão ficar ainda melhores que no dia anterior. Só tem uma condição: precisa ter muito molho, porque, se você não puder limpar o prato com o pão, metade do sabor se perde.

Folhado de maçã e canela

Tem dias em que levantar para trabalhar de manhã é difícil, eu sei bem! Mas com um toque de doçura, seu dia pode mudar completamente. Por exemplo, se um delicioso folhado de maçã e canela espera por você na cozinha. Você pode preparar alguns folhados na noite anterior e de manhã só vai precisar esquentar. Também pode escolher entre fazer a massa à mão ou então optar pelo caminho mais rápido e usar um rolo de massa folhada já pronta.

Preparo
30 minutos

Forno
15 minutos

Dificuldade
● ○ ○ ○ ○

Caso você queira fazer a massa folhada do zero, siga o passo a passo indicado para o *Croissant folhado* na pág. 172.

Descasque e corte a maçã em quatro pedaços, removendo o cabinho e o miolo. Depois, corte-a em cubinhos, coloque em um recipiente com o açúcar e a canela e misture.

Corte a massa folhada em retângulos de mais ou menos 5 cm por 9 cm, e ao meio de cada retângulo, coloque um pouco da maçã açucarada. Você também pode utilizar retângulos maiores, para colocar mais recheio. Dobre os retângulos ao meio para cobrir o recheio e pressione as bordas com os dedos para que fiquem bem grudadas.

Distribua os folhados em uma forma forrada com papel-manteiga. Leve ao forno preaquecido a 200 °C por 15 minutos.

Se você gostar, assim que tirar os folhados do forno, pode passar uma colherzinha de marmelada ou geleia de maçã por cima.

Ingredientes para 8 folhados

- 1 rolo de massa folhada (já pronta)
- 1 maçã
- Canela em pó
- Açúcar

Torta de chocolate com bicos

Em Lucca, a torta com bicos é uma torta de massa podre com as bordas contornadas por pontas, ou seja, os bicos. Existem duas versões dela: uma de chocolate e uma doce-salgada com recheio de verduras, frutas cristalizadas e uvas-passas, chamada de maneira mais correta de torta de ervas. Mas a minha preferida, nem preciso dizer, é a de chocolate.

Preparo
1 hora

Descanso
1 hora

Forno
45 minutos

Dificuldade
● ● ● ○ ○

Comece pela massa podre. Quebre os ovos em um recipiente e adicione a manteiga em pedaços, uma pitada de sal, o açúcar, a farinha, as raspas de limão e o fermento. Misture tudo até obter uma massa uniforme.

Deixe descansar na geladeira por cerca de 1 hora coberta com plástico filme.

Enquanto isso, prepare o creme. Em uma panela pequena, coloque os ovos, o açúcar e o leite levemente morno, misturando bem para que não se formem pelotas. Esquente a panela por alguns minutos em fogo baixo até que o creme engrosse. Desligue o fogo e deixe esfriar. Depois adicione o rum e o cacau e misture mais uma vez.

Forre uma forma redonda de cerca de 15 cm de diâmetro com papel-manteiga.

Após o período de descanso da massa na geladeira, abra-a na forma, mas reserve um terço para as tiras da superfície e para os bicos. Certifique-se de que as bordas tenham

Ingredientes para uma forma redonda de 15 cm

Para a massa podre:

- **300 g** de farinha branca
- **150 g** de açúcar
- **10 g** de fermento para doces
- **140 g** de manteiga
- **2** ovos
- Sal
- Raspas de casca de limão

Para o creme:

- **3** ovos
- **80 g** de cacau amargo em pó
- **1/2** copo de licor de rum escuro
- **150 g** de açúcar
- **500 ml** de leite integral

cerca de 3 cm de altura e 1,5 cm de largura. Agora, despeje o creme e espalhe por toda a base da torta, assegurando que ele fique o mais nivelado possível.

Ajuste as bordas da torta com uma faca, cortando as protuberâncias em excesso. Junte essas sobras à massa que tinha sobrado antes e a divida em dois. Prepare as tiras achatadas com a ajuda de uma faca, utilizando uma das metades. Por fim, com a outra, faça os bicos, isto é, pequenos cones que você deverá pôr na borda da torta.

Finalize pincelando a clara do ovo por toda a superfície da massa. Leve ao forno preaquecido a 200 °C por cerca de 45 minutos.

A torta de ervas

Para a versão com legumes, ferva 250 g de acelga, arranque as folhas e as refogue na frigideira com um pouco de manteiga, sal e pimenta-do-reino. Depois pique tudo. Em uma vasilha, misture bem a acelga com 100 g de pão amanhecido mergulhado no leite, 50 g de uva-passa reidratada em água morna, uma casca de laranja cristalizada ou frutas cristalizadas variadas, canela, um copinho de Vin Santo, noz-moscada, 2 ovos, uma gema, 150 g de açúcar, parmesão e pecorino a gosto. Use essa mistura para rechear a base da massa.

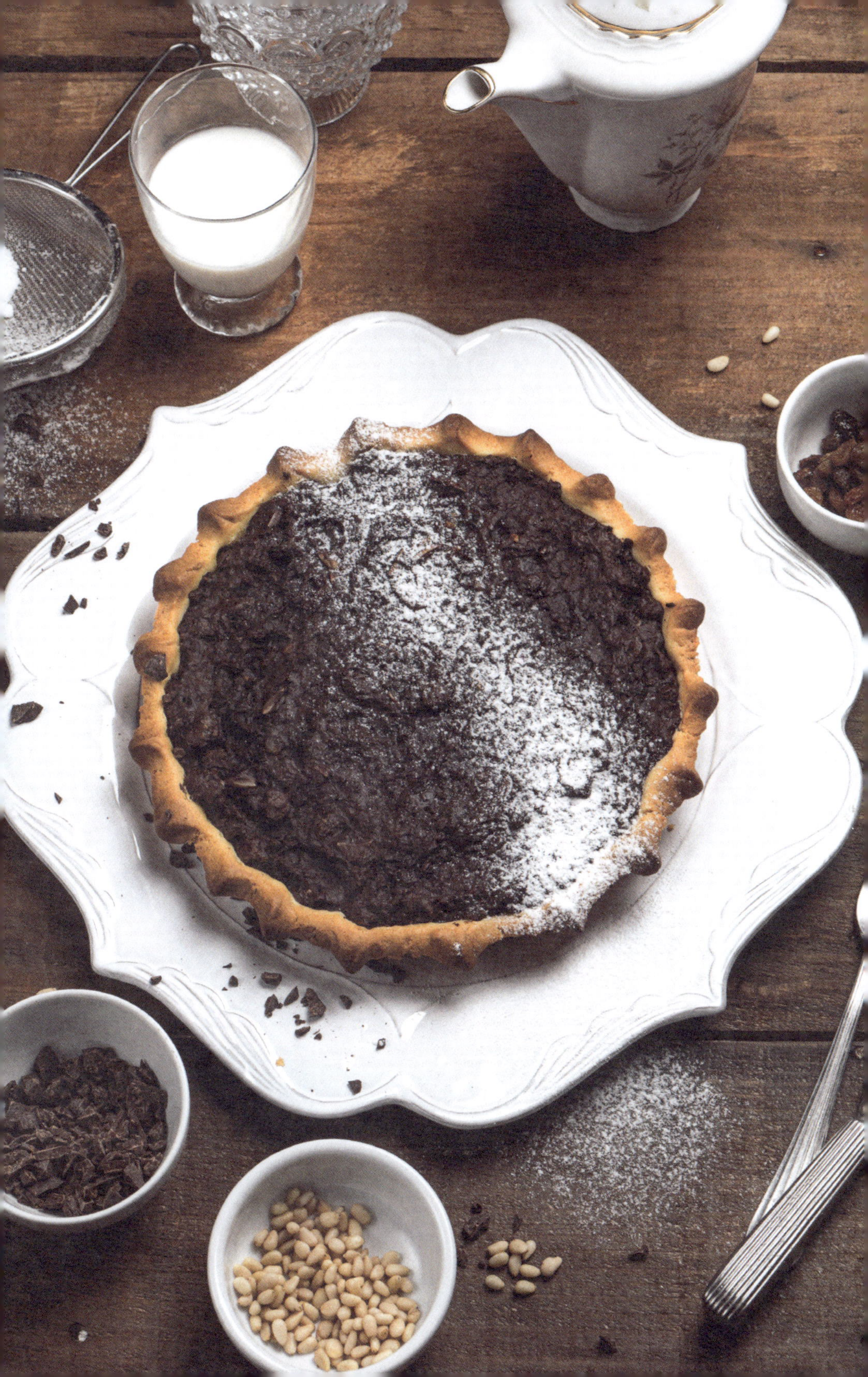

Sumário

Introdução 5

1. O menino do Bini 7

Sopa rústica de Maremma 16
Pão de prato 19
Braciola toscana refeita no molho de tomate 21
Castagnaccio 23
Gnudi de espinafre 26
Necci 29
Pasta e fagioli 32
Molho de tomate com legumes 35
Ribollita 36
Schiacciata rápida à fiorentina 39
Tripa à moda florentina 40

2. Com empenho tudo é possível 43

Cacciucco à moda de Livorno 54
Cantucci de laranja e chocolate 57
Cenci de Carnaval 59
Torrada com patê de fígado toscano 61
Biscoitinho de massa de amêndoa 63
Minipizza para crianças 66
Frango à caçadora 69
Tomate recheado com legumes ao parmesão 70
Schiacciata toscano 72
Tagliatelle feito em casa com o meu ragu 75
Zuccotto 78

3. A arte de recomeçar 81

Biscoito para crianças 92
Bolo de ovo de Páscoa 94
Carpaccio de polvo 97
Creme de grão-de-bico com mexilhões 99
Crostone com linguiça e stracchino 101
Bolinho frito de arroz doce 103

Frango ao limão 104
Ragu de javali 106
Ravióli feito à mão com recheio de batata 108
Ricciarelli de Siena 111
Schiacciata com uva 113

4. A padaria 115

Pudim de arroz toscano 126
Panqueca florentina 129
Torta doce com a minha massa podre 131
Enroladinho de frango recheado com pancetta 135
Torta de amêndoas mantuana 136
Pão com ovo 139
Sanduíche de lampredotto com molho verde 140
Espaguete com almôndegas da nonna 142
Torta mimosa 144
Tortinha da nonna com creme de confeiteiro 146
Bolinho de maçã 149

5. A rainha das redes sociais 151

Boa noite, sogra 161
Carolina com creme de pistache 162
Biscoito pascal 165
Brutti ma Buoni 168
Acebolada de carne bovina 170
Croissant folhado recheado de presunto e muçarela 172
Pão de ramerino 175
Papa de tomate com frutos do mar 178
Almôndega vegetariana 181
Folhado de maçã e canela 183
Torta de chocolate com bicos 185

Índice das receitas

Receitas salgadas

Sopa rústica de Maremma ... 16
Pão de prato ... 19
Braciola toscana refeita no molho
   de tomate ... 21
Cacciucco à moda de Livorno ... 54
Carpaccio de polvo ... 97
Acebolada de carne bovina ... 170
Croissant folhado recheado de
   presunto e muçarela ... 172
Creme de grão-de-bico
   com mexilhões ... 99
Panqueca florentina ... 129
Torrada com patê de fígado toscano ... 61
Crostone com linguiça e stracchino ... 101
Gnudi de espinafre ... 26
Enroladinho de frango recheado
   com pancetta ... 135
Pão com ovo ... 139
Sanduíche de lampredotto
   com molho verde ... 140
Papa de tomate com frutos do mar ... 178
Pasta e fagioli ... 32
Minipizza para crianças ... 66
Frango ao limão ... 104
Frango à caçadora ... 69
Almôndega vegetariana ... 181
Molho de tomate com legumes ... 35
Tomate recheado com legumes
   ao parmesão ... 70
Ragu de javali ... 106
Ravióli feito à mão com recheio
   de batata ... 108
Ribollita ... 36
Schiacciata rápida à fiorentina ... 39
Schiacciata toscano ... 72
Espaguete com almôndegas da nonna ... 142
Tagliatelle feito em casa com
   o meu ragu ... 75
Tripa à moda florentina ... 40

Receitas doces

Boa noite, sogra ... 161
Carolina com creme de pistache ... 162
Biscoito pascal ... 165
Biscoito para crianças ... 92
Brutti ma Buoni ... 168
Pudim de arroz toscano ... 126
Cantucci de laranja e chocolate ... 57
Castagnaccio ... 23
Cenci de Carnaval ... 59
Bolo de ovo de Páscoa ... 94
Torta doce com a minha
   massa podre ... 131
Bolinho frito de arroz doce ... 103
Torta de amêndoas mantuana ... 136
Migliaccino *veja* Castagnaccio
Necci ... 29
Pão de ramerino ... 175
Biscoitinho de massa de amêndoa ... 63
Ricciarelli de Siena ... 111
Schiacciata com uva ... 113
Folhado de maçã e canela ... 183
Torta de chocolate com bicos ... 185
Torta mimosa ... 144
Tortinha da nonna com creme
   de confeiteiro ... 146
Bolinho de maçã ... 149
Zuccotto ... 78

Acreditamos nos livros

Este livro foi composto em Neuton e
impresso pela Gráfica Santa Marta
para a Editora Planeta do Brasil
em fevereiro de 2025.